Uta Herzog

Rechtliche Betreuung als Krisenmanagement

Kriseninintervention und Existenzsicherung im Rahmen rechtlicher Betreuung

Diplomica® Verlag GmbH

Herzog, Uta: Rechtliche Betreuung als Krisenmanagement. Krisenintervention und Existenzsicherung im Rahmen rechtlicher Betreuung, Hamburg, Diplomica Verlag GmbH 2009

ISBN: 978-3-8366-7479-9
Druck Diplomica® Verlag GmbH, Hamburg, 2009

Bibliografische Information der Deutschen Bibliothek
Die Deutsche Bibliothek verzeichnet diese Publikation in der Deutschen Nationalbibliografie;
detaillierte bibliografische Daten sind im Internet über
<http://dnb.ddb.de> abrufbar.

Die digitale Ausgabe (eBook-Ausgabe) dieses Titels trägt die ISBN 978-3-8366-2479-4 und kann über den Handel oder den Verlag bezogen werden.

„Alles wirkliche Leben ist Begegnung."

Martin Buber

Ich danke allen, die mich unterstützt haben.

Am meisten danke ich meiner Familie.

Inhaltsverzeichnis

Vorwort

„Sozialarbeit ist Arbeit mit Menschen, deren Lebenslagen gekennzeichnet sind durch Armut, Krankheit, stigmatisierte Verhaltensweisen sowie geringe soziale Teilhabe und geringe gesellschaftliche Einflussnahme. Sie richtet sich an Menschen, die ohne fremde Hilfe ihre Lebensprobleme nicht bewältigen können. Funktionen der Sozialarbeit sind die Erschließung von Ressourcen zur Befriedigung der Grundbedürfnisse, die zur Erhaltung und zur Entfaltung des Menschen erfüllt sein müssen, der Schutz der Menschen vor sie verletzenden Aktionen und die Förderung von Lernprozessen im Hinblick auf individuelle und kulturelle Orientierungs- und Handlungsmuster, die Menschen zu problemlösenden Verhalten bewegen.[1]

In diesem Buch geht es um psychisch kranke Menschen, deren Krankheitsausprägung schwer und bereits manifestiert ist. Verbunden ist dies häufig mit fehlender Compliance und Behandlungsmotivation, vielfach mit Realitätsverlust. Durch die seelische Not und deren Folgen reichen die Kompetenzen der Betroffenen nicht mehr aus, ihren Alltag zu bewältigen; folglich ist die selbstbestimmte Lebenspraxis dieser Menschen zusammengebrochen. Auf der Strecke bleiben die Gesundheit, Teilhabe am gesellschaftlichen Leben, existentielle Bedürfnisse wie Nahrung, Wasser, Wärme, ein Dach über dem Kopf.

Soziale Beziehungen bestehen kaum noch. Arbeitsfähig sind die meisten schon lange nicht mehr, waren meist auch „working poor", also Bezieher von Niedrigeinkommen. Ansprüche auf Sozialleistungen werden nicht oder nur unzureichend wahrgenommen. Somit sind die Betroffenen in besonderem Maße sozial und materiell benachteiligt und belastet. Häufig kumulieren sich die Armuts-Risikofaktoren: Neben der Krankheit bestehen weitere negative Einflüsse, wie etwa Trennung, Alter, Sucht.

Menschen am Rande des Existenzminimums sind zudem häufig überschuldet. Viele allein deshalb, um zu überleben. Oder um die Folgen ihrer Erkrankung, etwa bei Sucht, zu finanzieren.

Zur psychosozialen Krise kommt nun ein weiterer, erheblicher Belastungsfaktor hinzu. Neben Krankheitserleben, Stigmatisierung und Isolation sind die Betroffenen nun auch dem oft erbarmungslosen Druck der Gläubiger ausgeliefert. Die Grenze des Erträglichen ist dann erreicht, ein „abdriften" in komorbide Krankheitsformen ist keine Seltenheit, möglich sind auch Delinquenz, oder Suizidalität.

Es entsteht eine schwere, existentielle psychosoziale Krise. Ein menschenwürdiges Leben in sozialer Gemeinschaft ist nun nicht mehr möglich. Die Abwärtsspirale ist nicht mehr aufzuhalten.

Für den professionellen Helfer steht hier die *Existenzsicherung* des sich in einer Krise befindlichen Betroffenen im Vordergrund. Diese *Kriseninterventionen* sind *Strategien psychosozialer Hilfen, sind Soforthilfe in menschlichen Ausnahmesituationen,* die der Betroffene alleine zu beheben nicht in der Lage ist". [2]

Nach BIENWALD sind Interventionen in der sozialen Arbeit „ein bewusstes, zielgerichtetes Eingreifen in aktuelles Geschehen. Die Einmischung soll Kräfte und Fähigkeiten der Beteiligten für ein alternatives Verhalten mobilisieren und neue Erfahrungen als Voraussetzung als Voraussetzung für eine Problemlösung ermöglichen".

Sie richten sich nach dem konkreten Einzelfall, sind zunächst meist kurzfristige Interventionen mit der Folge der sofortigen Entlastung und Schadensminimierung für den Betroffenen. Ziel ist die Stabilisierung der Interventionserfolge: Integration in soziale und berufliche Zusammenhänge, wirtschaftliche Entlastung, autonome Lebensgestaltung, kurz: Verbesserung der Lebenslage!

Interventionsziele sind grundsätzlich Klienten- und problembezogen zu bestimmen, sind methodisch differenziert und unter Berücksichtigung der Wünsche und Bedürfnisse des Klienten zu bearbeiten.

Optimal gelingt die Arbeit in Kooperation mit dem Klienten.

Leider lässt die Schwere der Störung dies oft nicht zu. Dann muss der professionelle Helfer die Verantwortung für den Betroffenen übernehmen, stellvertretend für ihn entscheiden und ggf. auch fremdbestimmend agieren, bis der Betroffenen wieder entscheidungsfähig ist.

Dies kann er rechtswirksam nur als gesetzlicher Vertreter des Betroffenen. Deshalb kann hier die umfassende Unterstützung durch das Rechtsinstitut der gesetzlichen Betreuung eine reele Chance sein, die Lebenslage des Betroffenen deutlich zu verbessern. Und ihn als „großes Ziel" letztlich wieder zu befähigen, in zunehmendem Maße als „*Experte seines Lebens*" wieder die Verantwortung für seine Entscheidungen zu treffen- mittels Interventionen, die möglicherweise keine Kriseninterventionen mehr sind!

Neben der rechtlichen ist hier eine erhebliche psychosoziale Dimension der Arbeit hervorzuheben, und so ist dieses Arbeitsfeld für Sozialarbeiter und Sozialpädagogen geradezu prädestiniert.

---

[1] Lexikon der sozialen Arbeit, Ev. FH Rheinland-Westfalen-Lippe, S. 236
[2] BIENWALD, BtPrax 2/02, S.68

<u>Zum Text:</u>

Mit der Tätigkeit des rechtlichen Betreuers ist hier immer der *Berufsbetreuer* gemeint.

Der besseren Lesbarkeit wegen wird im gesamten Text auf die weibliche Schreibweise verzichtet. Wenn möglich, werden neutrale Formulierungen verwendet, ansonsten schließt die Benutzung der männlichen Form selbstverständlich die weibliche Form mit ein.

Bei den im Text verwendeten Fallbeispielen werden die Aufgabenkreise *Gesundheitsfürsorge, Vermögenssorge* und *Aufenthaltsbestimmungsrecht* als angeordnet vorausgesetzt, ggf. ergänzt um weitere erforderliche Aufgabenkreise.

1. Materielle Grundsicherung als Voraussetzung für ein eigenständiges Leben

1.1. Rechtsgrundlage

§1 SGB 1:

" (1) Das Recht des Sozialgesetzbuches soll zur Verwirklichung sozialer Gerechtigkeit und sozialer Sicherheit Sozialleistungen einschließlich sozialer und erzieherischer Hilfen gestalten. Es soll dazu beitragen, ein menschenwürdiges Dasein zu sichern, gleiche Voraussetzungen für die freie Entfaltung der Persönlichkeit, insbesondere auch für junge Menschen, zu schaffen, die Familie zu schützen und zu fördern, den Erwerb des Lebensunterhalts durch eine frei gewählte Tätigkeit zu ermöglichen und besondere Belastungen des Lebens, auch durch Hilfe zur Selbsthilfe, abzuwenden und auszugleichen.

„(2) Das Recht des Sozialgesetzbuches soll dazu beitragen, dass die zur Erfüllung der in Absatz 1 genannten aufgaben erforderlichen Dienste und Einrichtungen rechtzeitig und ausreichend zur Verfügung stehen."

1.2. Gesellschaftliche Entwicklungen

„Der gesellschaftliche Reichtum war bei uns noch nie so hoch wie heute." BUTTERWEGGE 2006[3]

In Deutschland leben knapp 5 Mio. Empfänger von Al II, rd. 1,8 Mill. beziehen Sozialgeld, 400 000 Rentner bestreiten ihren Lebensunterhalt mittels Leistungen der Grundsicherung; hinzu müssen die Fälle verdeckter Armut gezählt werden.[4]

Die Zahl der in Armut lebenden Kinder hat sich nach Schätzungen in den vergangenen zwei Jahren hier zu Lande mehr als verdoppelt.

Das Profil des Sozialstaates verändert sich. Zwar ist Deutschland noch immer eines der reichsten Länder der Welt, jedoch wird im Kontext der Globalisierung das Geld nicht so verteilt, dass die benachteiligten Bürgerinnen und Bürger dieses Landes im Sinne eines solidarischen „Nachteilsausgleiches" davon profitieren. Ganz im Gegenteil wurden ihnen mittels destruktiver Elemente rigide Sparmaßnahmen verordnet.

---

[3] BUTTERWEGGE, CH., Universität Köln, Fachbereich Politikwissenschaft: Frankfurter Rundschau Nr.5, S.25 .v.10.03.2006, in: *„Renten müssen steigen"*

Aus der Praxis: Durch die Gewährung *einmaliger Hilfen* war es vor den Neureglungen zum 01.01.2005 möglich, für Betreute beispielsweise einen neuen Herd, neue Öfen etc. zu beantragen, um existentielle Hilfen zu installieren und einen Verbleib im häuslichen Bereich weiterhin zu ermöglichen. Solche „Sonderanschaffungen" sind jetzt mittels einer Pauschale im erhöhten Regelsatz enthalten. Seit den Neuregelungen durch Hartz IV sind diese Hilfen gem. §28 Abs.1 S.2 als „Sonderbedarf in Härtefällen" zusätzlich zum pauschalierten Regelsatz durchzusetzen. Das Verfahren ist mühsam. Erst der Verweis auf Heimvermeidung bzw. bei Ablehnung der beantragten Leistung: umgehende Beantragung der Kostenübernahme stationärer Heimkosten, erweitert den Ermessensspielraum des Sachbearbeiters. Bei hoher Renitenz erweist sich eine Vorsprache beim Vorgesetzten sinnvoll.

Weitere praktische Auswirkungen der gesetzlichen Neureglungen: Zerbricht einer sozialhilfebedürftigen Heimbewohnerin beispielsweise ihre Brille, so wird zur Reparatur kein Zuschuss mehr gewährt. Aufgewendet werden muss hierfür der bescheidene monatliche Barbetrag.

Die öffentlichen Kassen sind leer.

Gleichzeitig wächst der Sozialneid in der Gesellschaft. *„Das süße Leben der Sozialschmarotzer?"*[5], ist nur eine von vielen Schlagzeilen in den Medien, welche auf die Umetikettierung der Opfer der sozialen Verhältnisse zu Verursachern verweist.

Das Wissen um die Hintergründe- nämlich dass für die „Sozialschmarotzer" Begriffe wie *Chancengleichheit* der blanke Hohn sind, ihr Lebensweg meist von Armut und deren umfassenden Auswirkungen geprägt ist, eine schwere psychische Erkrankung sie dauerhaft „lahm gelegt hat- dieses Wissen um Ursachen ist Grundstein für Solidarität mit den Betroffenen, ist der Versuch, mehr Gerechtigkeit herzustellen in einer Gesellschaft, die sich zunehmend am „Nutzwert" eines Menschen orientiert.

Auf Leistungen unseres Sozialstaates ist angewiesen, wer seinen Lebensunterhalt nicht aus eigener Arbeit oder Vermögen sicherstellen kann. Diese Leistungen werden auch als „soziales Netz" bezeichnet, welches eine „Verelendung der Massen" verhindern soll. Derzeit gelten 13,5 Mio. Einwohner in Deutschland als arm.[6]

Die wichtigsten Sozialleistungen zur Existenzsicherung sind:
Hilfe zum Lebensunterhalt, Grundsicherung, (Erwerbsunfähigkeits-) Rente, Rente wegen Erwerbsminderung,[7] Unterhaltsleistungen, Leistungen der Kranken- und Pflegeversicherung,

---

[4] Südwest-Rundfunk 1, 23.04.2006

[5] FOCUS v. 23.10.1995, Titel, in: KIEHL, S.14 2001, in: Betreuungsbehörden a.d. Weg ins 21 JH

[6] vgl. Frankfurter Rundschau, 19.01.2006

[7] Neuregelung (Rentenreform 1. Januar 2001): Rente wegen Erwerbsminderung nach § 43 SGB VI ist an die Stelle der Rente wegen Berufsunfähigkeit nach § 43 SGB V a.F.) und der Rente wegen Erwerbsunfähigkeit

Leistungen der Eingliederungshilfe sowie ggf. Jugendhilfeleistungen, die unter bestimmten Voraussetzungen auch für junge Volljährige gewährt werden können.[8] Ferner Leistungen des *Persönlichen Budgets* zur Vermeidung stationärer Behandlung.

Bei den Menschen, die Thema dieses Buches sind, ist das soziale Netz zum zerreißen gespannt, und wegen des aktuellen Abbaus von Sozialleistungen wird dieses Netz immer weitmaschiger umgeknüpft.[9] Die jetzige pauschalierte Regelleistung ALG „bewegt sich etwa 55% unter der von der Europäischen Union definierten Einkommensarmutsgrenze. Diese Grenze beginnt bei einem Einkommen, das „60% des Medians des von der Gesamtbevölkerung erzielten Einkommens nicht überschreitet."[10]

Somit liegt bereits der Regelsatz (max. 345 €) weit unterhalb der EU-Armutsgrenze (780 €).

Neu geregelt wurde auch die Abschaffung der einmaligen Hilfen. Verlangt wird, dass die Betroffenen wirtschaftlich mit ihrem Geld umgehen und unvorhergesehene Kosten aus einem Pauschalbetrag, der angespart werden soll, finanzieren.

Dazu Christoph BUTTERWEGGE, Hochschulprofessor der Uni Köln:

„Ein moderner Sozialstaat hat zwei Aufgaben: Armutsbekämpfung und Lebensstandardsicherung. Von beiden Zielen verabschiedet sich die Politik immer mehr."[11]

1.3. Schwachstellen im System

Die Betroffenen sind aufgrund ihrer krankheitsbedingten Defizite meist außerstande, die ihnen zustehenden Ansprüche wahrzunehmen. Häufig sind zudem die entsprechenden Leistungen und Verfahrensvorschriften unbekannt, oder die Betroffenen haben nicht die Energie oder den Mut, bei einer Behörde vorstellig zu werden. Viele empfinden dies auch als stigmatisierend. Initiieren sie dennoch ein Leistungsverfahren, so belassen sie es in der Regel bei einem Ablehnungsbescheid und beschreiten, häufig aus Unkenntnis, nicht den Rechtsweg.

(§ 44 SGB V a.F.) getreten. S. 100, RN 33)Anknüpfend an das frühere Recht wird Versicherten, die vor dem 2. Januar 1961 geboren sind, im Falle von Berufsunfähigkeit ein Anspruch auf Rente wegen teilweiser Erwerbsminderung eingeräumt (S.101 RN 34(Handbuch Sozialrechtsberatung, 1 Auflage 2005, Nomos-Verlag, Baden-Baden) Ab Jahrgang 61: Zusätzliche Private Berufsunfähigkeitsversicherung (Focus Nr. 33/06, S.30)

[8] Etwa nach § 35a i.V. mit § 41 SGB VIII

[9] vgl. Schuldenreport 2006, S.49

[10] Deutscher Bundestag 15.Wahlperiode. Drucksache 15/5015 vom 03.03.2005: Lebenslagen in Deutschland-Zweiter Armuts- und Reichtumsbericht S.11

[11] Frankfurter Rundschau, S.25, 10.03.2006: „Renten müssten steigen"

Wer dann außerstande ist, seine existenzsichernden Rechte wahr zu nehmen, fällt durchs Netz. Stürzt ab in ein Leben, dass kein menschenwürdiges mehr ist, die Verarmungsprozesse sind allumfassend und berühren alle Lebensbereiche. Wirtschaftliche Notstände, die vom Betroffenen nicht selbst kompensiert werden können, gefährden die Existenz konkret und auf Dauer das gesamte persönliche Sozialgefüge. Hierdurch werden Konflikte, Lebenskrisen und Familiedramen ausgelöst. Dann ist der *„point of no return"*[12] erreicht. Die Abwärtsspirale nimmt ihren Lauf.

Als letztes Auffangnetz, gar als „Bodenmatte für das immer dünnmaschiger werdende soziale Netz" wird das Betreuungswesen von Brunhilde Ackermann bezeichnet.[13]

Hierzu ein Fallbeispiel aus der Praxis. Es handelt sich hier um verdeckte Armut[14], d.h. auf einen Empfänger von Hilfe zum Lebensunterhalt fallen rd. 1,5 bis 2 weitere Berechtigte, die ihre Ansprüche nicht geltend machen und deshalb oft weit unterhalb des Existenzminimums versuchen, zu überleben.

Dieser Fall einer „Armutsschuldnerin" wurde exemplarisch ausgewählt, um den gesamten Verlauf einer rechtlichen Betreuung in seinen unterschiedlichen Facetten darzustellen, und begleitet deshalb dieses Buch als „ roter Faden" bis zum Ende.

---

[12] BOCK/WEIGAND (Hrsg.) S. 36, unter Verweis auf (Bleuler 1987)

[13] vgl. KIEHL: S.11 2001 ,in:„Betreuungsbehörden auf dem Weg ins 21.JH, Uwe Bruckner-Hrsg.-, 2001

[14] 1,8 Mio. Betroffene in Deutschland. Anspruch auf Hilfe zum Lebensunterhalt wird nicht wahrgenommen. Gründe: Unwissenheit. 51,7% gehen davon aus, Sozialhilfe zurückzahlen zu müssen/ wissen nicht, das HzL auch ergänzend zum Arbeitseinkommen (44,0%) bzw. zum Arbeitslosengeld (40,7%) gezahlt werden kann/ kennen nicht die Höhe des Freibetrags und schätzen diesen viel zu niedrig ein (27,5%) Weiter sind Stigmatisierungsängste ausschlaggebend für den Verzicht (Frankfurter Rundschau, 19.01.2006)

> „Kein Märchen Vom süßen Brei"
>
> Eine alte Witwe, Frau K., lebte allein in ihrem alten Häuschen auf dem Lande. Eines Tages, es war ein eiskalter Wintertag, öffnete sie ihrem Hausarzt nicht. Da Frau K. sehr krank war, rief dieser die Polizei und verschaffte sich mit deren Unterstützung Zutritt zum Haus. Frau K. lag seltsam aufgedunsen und blau gefroren in ihrem Bett und hustete. Auf dem Kissen, neben ihrem Kopf, lag eine abgemagerte Katze. Eisblumen waren am Fenster. Wasser gab es keines, überall standen Eimer mit Fäkalien herum. Die Wohnung war völlig verwahrlost, auf dem uralten Herd standen Töpfe verschimmelt herum. Verweste Ratten steckten in Fallen.
>
> Frau K. geriet beim Eintreffen der Polizei und des Arztes in Panik und verweigerte eine Untersuchung. Auch verhielt sie sich psychotisch und schrie, die Eier im Keller seien vergiftet und alle Nachbarn wollen sie töten, besonders Herr B. habe es auf sie abgesehen.
>
> Der Hausarzt stellte erhebliche Eigengefährdung fest. Wenig später wurde die Unterbringung in ein psychiatrisches Fachkrankenhaus veranlasst.
>
> Nachdem Betreuung angeordnet worden war, ergab sich folgender Sachverhalt: Die karge Witwenrente hatte bisher gerade ausgereicht um tagein, tagaus die tägliche Milchsuppe zu kochen oder Brei, und die laufenden Kosten des bescheidenen Lebens zu bezahlen. Nachdem Frau K. Jahre zuvor einen Kredit für eine Dacherneuerung aufgenommen hatte, reichte das knappe Budget nicht mehr aus. Der Strom wurde vom Energielieferanten abgestellt, das Wasser ebenfalls, es konnte nicht mehr gekocht werden. Für Brennholz war kein Geld mehr da. Einmal in der Woche ging Frau K. zum Dorfbäcker und kaufte sieben Brötchen, für jeden Tag eins. Dazu aß sie Eingemachtes aus „besseren Zeiten", welches in riesigen Mengen im Schlafzimmer lagerte. Ihren Hausarzt hatte Frau K. trotz ihres schweren Herzleidens kaum noch aufgesucht wegen der neu eingeführten Quartalsgebühr.
>
> Der soziale Rückzug von Frau K. sowie ihre Notlage waren kaum jemandem aufgefallen, da Frau K. stets isoliert gelebt hatte und wegen ihres aggressiven Sozialverhaltens im Dorf als „Hexe" verrufen war. Keiner hatte sie vermisst.

Durch die Anordnung der Betreuung und die veranlassten Interventionen hat sich die Lebenssituation der Betroffenen, die acht Monate stationär behandelt werden musste, erheblich verbessert. Darüber nachfolgend mehr.

1.4. Der Betreuer als Garant von Sozialleistungsansprüchen

Verwaltungsentscheidungen müssen jederzeit konform mit dem Grundgesetz sein.

So ist ein Elementarprinzip des Rechtsstaates der Vorbehalt des Gesetzes, d.h., der Staat darf in die Rechte von Bürgern nur eingreifen, wenn ein Gesetz das erlaubt.

WESEL[15] schreibt hierzu, dass dieser begünstigende oder belastende Verwaltungsakt sich als Parallele zum privaten Zivilprozess versteht, da die Behörde mit einem unrechtmäßigen VA

---

[15] vgl. WESEL 2002, S.254

genauso in Rechte von Bürgern eingreift wie ein Privatmann, der widerrechtlich das Eigentum eines anderen verletzt. Es gibt wie im Zivilrecht ein geregeltes Verfahren, der Betroffene wird gehört, Entscheidung sind an eine bestimmte Form gebunden, begründet und müssen überprüfbar sein.[16]Gegen Verwaltungsentscheidungen können Rechtsmittel eingelegt werden, denn: „Verwaltungsrecht ist das Recht des Bürgers gegen die Verwaltung."[17].

Voraussetzung für eine erfolgreiche Intervention des Betreuers sind umfassende Kenntnisse im Sozial- und Verwaltungsrecht. Denn: Leistungsbewilligungen sind Verwaltungsentscheidungen. Der Betreuer muss Kenntnis haben über Anspruchsvoraussetzungen, Verfahrensvorschriften, Rechtsmittel, Beratungs- und Prozesskostenhilfe; bei komplizierten Sachverhalten oder Klageerhebung wendet er sich an einen Experten, beispielsweise an eine Fachanwalt für Sozialrecht. (Vorsicht „Haftungsfalle": Schuldhafte Versäumnisse des Betreuers schaden tatsächlich zwar dem Betroffenen, jedoch ist nach §1833 BGB der Betreuer ggü. dem Betreuten schadensersatzpflichtig!)

Es gilt, die Kenntnisse jeweils am vorliegenden Einzelfall anzuwenden. Stets muss genau ermittelt werden, welcher Hilfen der Betroffene bedarf, im Rahmen von Krisenintervention gerade auch, um eine erneute Dekompensation zu verhindern.[18]

> *Aus der Praxis*: Immer wieder wird von Studenten des Fachbereichs Sozialpädagogik/ Sozialarbeit kritisch diskutiert, ob die Vielzahl der Rechtsvorlesungen während des Studiums in diesem Umfange tatsächlich notwendig sind. Erfahrungsgemäß sind die hierbei erworbenen Kenntnisse jedoch das „Handwerkszeug", um sich auf „gleicher Augenhöhe" mit den Behörden fachlich auseinander zu setzen und Ansprüche des Klienten erfolgreich durchzusetzen. Zwar sind beide- Bürger und Staatprinzipiell gleichberechtigte Rechtssubjekte. Jedoch ist diese „*Subjektivierung im Verhältnis von Staat und Bürger*"[19], erfahrungsgemäß oft eher eine Farce als tatsächliche Realität. Grundlegende Kenntnisse, sowie ein gewisser „Kampfgeist" seitens des Betreuers sind notwendig im alltäglichen Umgang mit den zuständigen Behörden.

Existenzsicherung bedeutet hier, dass alle Möglichkeiten staatlicher Transferleistungen- im Bezug auf Lebensunterhalt, Wohnraum, ggf. Arbeit bzw. Eingliederungshilfe, soziale Beziehungen- durchgesetzt werden, die individuell realisierbar sind.

---

[16] vgl. Wesel 2002, S.261
[17] Wesel 2002, S.253: *Uwe Wesel, Fast alles, was Recht ist, Eichborn, 2002 S.253 (Wesel 2002, S.253)*
[18] vgl.ROSENOW/ BUHLMANN. BtPrax 2/ 2004, S.58
[19] WESEL 2002, S.264

Zum Zeitpunkt der Betreuungsübernahme befindet sich der Betroffene meist bereits in einer schweren psychosozialen und materiellen Krise. Oft hat die Krankheit bereits zu einem beträchtlichen Verlust der Handlungskompetenzen geführt.

Der Betreuer tritt dann als Vertreter des Betroffenen „nach außen" auf.

Somit ist rechtliche Betreuung aus dem sozialen Sicherungs- und Versorgungssystem nicht mehr wegzudenken. Als „hoheitlich bestellter Treuhänder"[20] und „Vertrauensperson des fürsorgenden Staates"[21] bewegt sich der Betreuer auf alles Ebenen dieser „Maschinerie" und ist dabei in hohem Maße auf interdisziplinäre Zusammenarbeit angewiesen.

Nach ROSENOW führt Betreuung „zu einer deutlichen Verbesserung der Lebenssituation der Betroffenen!"[22]

Schon während des langen Klinikaufenthalts von Frau K. hatte die Betreuerin ergänzend zur Rente *Grundsicherung* beantragt sowie wegen Altersdiabetes *Mehrbedarf* sowie medizinische Fußpflege.

Da Frau K. nach langen Klinikaufenthalt den dringenden Wunsch hatte, wieder in ihrem Haus zu leben, wurde die Kostenübernahme der erforderlichen *Hilfen zur Vermeidung einer Heimunterbringung*- Renovierung, Teilmöblierung- beantragt. Antrag auf Einstufung in eine *Pflegestufe* war schon zuvor gestellt worden.

Die Entrümplung hatte sich erübrigt, da der Stiefsohn der Betroffenen an einem Wochenende rechtswidrig in das Haus eingedrungen war und es innerhalb von drei Tagen komplett ausgeräumt hatte. Gleichzeitig bot er das Haus zum Verkauf an. Hier war ein Anwalt mit der Vertretung der Betroffenen zu beauftragen aus Mitteln der *Prozesskostenhilfe*. Auch wurde Strafanzeige gegen den Stiefsohn gestellt.

Als Frau K. nach einem Sturz wegen einer Oberschenkelhals-Fraktur operiert werden musste, wurden nachfolgend Leistungen der stationären *Rehabilitation* beantragt. Nach erfolgreicher Beendigung der Reha wurde Kostenübernahme für einen Rollator beantragt sowie Krankengymnastik, um die Gehfähigkeit zu erhalten. Der Umfang der *häuslichen Hilfen*- Pflegeleistungen, hauswirtschaftliche Versorgung und Behandlungspflege- musste erweitert werden; entsprechende Antragstellung auch hier. Als Frau K. infolge ihres Alters immer hinfälliger wurde und die psychotischen Symptome wieder ausbrachen, schien eine Heimunterbringung unvermeidbar. Noch immer wehrte sich Frau K. dagegen und kündigte an, sich dann umzubringen. In Absprache mit Hausarzt und psychiatrischer Institutsambulanz entschied die Betreuerin, die Hilfen weiter zu intensivieren, um die Heimunterbringung noch hinauszuzögern.

---

[20] JÜRGENS/KRÖGER/MARSCHNER/WINTERSTEIN, S.58, Rz 155
[21] JÜRGENS/KRÖGER/MARSCHNER/WINTERSTEIN, S.57, Rz 154
[22] ROSENOW. BtPrax 2/ 04, S. 57

Nach einem leichten Schlaganfall, der die Mobilität und Orientierungsfähigkeit der Betroffenen weiter einschränkte, konnte deren Verbleib im Haus nicht mehr verantwortet werden. Es fand sich auch kein Pflegedienst, der diesen Bedarf hätte abdecken können, zumal Frau K. nur zwei Krankenschwestern akzeptierte. Gemeinsam mit Frau K. wurden drei Pflegeheime besichtigt. Frau K. entschied sich, unwillig, für eines und wurde aufgenommen. Die Betreuerin beantragt *Kostenübernahme der Heimkosten* sowie *Erstausstattung*. Beim Vormundschaftsgericht wurde die Genehmigung zur Wohnungsauflösung beantragt; diese wurde nachfolgend durchgeführt. Ein Teilerlös der Haushaltsauflösung konnte der Betroffenen gutgeschrieben werden.

1.5. Einspareffekte im Sozialleistungssystem durch professionelle Betreuung

Rund 1 Mio Betroffene werden in Deutschland von ca. 10 000 Berufsbetreuern gesetzlich vertreten.[23],[24]

Einspareffekte im Sozialleistungssystem durch professionelle Betreuung können anhand qualifizierter Schätzungen[25] ermittelt werden. Hier einige Ergebnisse:

- Die Zahl der Aufenthaltstage in einer psychiatrischen Klinik gehen nach Einrichtung einer Betreuung signifikant zurück
- Zahl der Krankenhausaufenthaltstage reduzierte sich ein halbes Jahr nach Betreuungsübernahme drastisch
- Durchschnittliche Zahl der Aufenthaltstage in einer psychiatrischen Klinik reduziert sich auf etwa ein Sechstel.
- Oft weitere stationäre Behandlungen gar nicht mehr erforderlich
- Heimeinweisung wird verhindert bzw. verzögert durch ambulante Hilfen und Stabilisierung in der eigenen Wohnung zu 20-40%

Fazit: Die *Kostenersparnis* infolge Verzicht auf stationäre Versorgung wird auf bis zu 1 200 € pro Monat und Fall geschätzt. Somit ergeben sich Einspareffekte zwischen 400 Mio Euro bei zurückhaltender und 1,25 Mill. Euro bei optimistischer Schätzung.[26]

---

[23] vgl. *bdb* S.3, Infoflyer „Betreuung als Beruf, 2005)
[24] *bdb*: Bundesverband der Berufsbetreuer/-innen e.V., Bundesgeschäftsstelle, Esplanade 2, 20354 Hamburg Tel. (040) 38 62 90 30, Fax (040) 38 62 90 32
[25] vgl.BUHLMANN/ ROSENOW.BtPrax 2/ 2004, S.56
[26] vgl. BUHLMANN/ ROSENOW. BtPrax 2/2004, S.59

2. Rechtliche Betreuung als Handlungsfeld sozialer Arbeit und Instrument der Existenzsicherung

2.1. Definition

Nach JÜRGENS/KRÖGER/MARSCHNER/WINTERSTEIN (1999) wird die Betreuung „als sozialstaatliches Instrument, das der rechtlichen Wahrnehmung der Interessen Volljähriger dient, die dies aufgrund einer Krankheit oder Behinderung selbst nicht können", beschrieben.[27] Gemeint sind alle Tätigkeiten des Betreuers, die zur Rechtsfürsorge für den Betreuten erforderlich sind. Der Betreuer regelt als gesetzlicher Vertreter die Angelegenheiten des meist von einer schweren psychischen Krankheit Betroffenen im Rahmen eines „Defizitausgleichs", quasi als „Ausfallbürge".[28]

Nach HARM ist, im Bezug auf die Personensorge, der wesentliche Auftrag die Vertretung im *Außenverhältnis*. Gemeint ist damit die Kooperation mit allen Beteiligten: Mit dem Betroffenen und seinem sozialen Umfeld, mit Ärzten, Einrichtungen, Behörden, Vormundschaftsgericht. Ziel der rechtlichen Vertretung ist die optimale Unterstützung des Betroffenen.

Eingriffe im Innenverhältnis, also die tatsächliche Personensorge, sind Akte der Fremdbestimmung und nur bedingt zulässig. Sie unterliegen deshalb fast ausnahmslos gerichtlichen Genehmigungsvorbehalten. Der Betreuer hat eindeutig keinen Erziehungs-, und Besserungsauftrag.[29]

Dazu die Vormundschaftsrichterin VON LOOZ: „Betreuung ist kein Instrument der Erwachsenenbildung."[30]

Betreuung ist vielmehr eine Arbeitsform von Beratung, Unterstützung und Vertretung behinderter Menschen auf der Basis psychosozialer und rechtlicher Kompetenzen. Sie ist ein geplanter und interaktiver Prozess.[31]

Gem. § 1897 Abs.6 BGB existiert eine Rangfolge, demnach eine Betreuerbestellung durch einen Berufsbetreuer grundsätzlich nachrangig ist. Für den in diesem Buch beschriebenen

---

[27] JÜRGENS/...S.54,Rz 157
[28] BtPrax 4/99, S.123, Leitlinien, Vormundschaftsgerichtstag, kein Autor benannt
[29] vgl.HARM, BtPrax 3/ 2005 S.98
[30] V. LOOZ, BtPrax 3/97 S.89

Personenkreis (Betroffene) wird jedoch gewöhnlich ein Berufsbetreuer bestellt. Für einen ehrenamtlichen Betreuer wäre eine Betreuungsübernahme aufgrund der schweren Krankheitsausprägung der Betroffenen mit komplexem Regelungsbedarf nicht zumutbar; voraussichtlich wäre dieser auch überfordert.

Die Betreuung endet grundsätzlich mit Tod des Betroffenen.

2.2. Das Grundgesetz als wichtigste Handlungsnorm des Betreuungsrechts

Über allen Normen steht das Grundgesetz der Bundesrepublik Deutschland.
Es ist für die Thematik dieses Buches von wesentlicher Relevanz.

Das in unserer Verfassung verankerte Gebot der Achtung der Menschenwürde und der Respektierung der Grundrechte binden Gesetzgebung, vollziehende Gewalt und Rechtsprechung als unmittelbar geltendes Recht (Art.1 GG) und bilden damit zugleich auch einen rechtlichen Rahmen für das Handeln psychiatrischer und psychosozialer Fachkräfte.[32]

Der unter Betreuung stehende psychisch Kranke kann sich insbesondere auf seine Menschenwürde, sein allgemeines Persönlichkeitsrecht, seine körperliche Unversehrtheit und ggf. auf das Grundrecht der Freiheit der Person berufen, ohne das sich aus seiner Krankheit oder seiner Betreuung Einschränkungen herleiten lassen.[33]

In Bezug auf rechtliche Betreuung sind hier besonders hervorzuheben:

Art. 1 (Schutz der Menschenwürde), Art. 2 (*„Persönliche Freiheitsrechte* schützten insbesondere auch die Freiheit der nicht-angepassten, der seelisch Kranken und Behinderten in ihrer spezifischen Lebensform".[34] Art. 3 (Gleichheit vor dem Gesetz) sowie Art. 13 (Unverletzlichkeit der Wohnung), Art. 20 (Rechtsstaatsprinzip), Art. 33 (Staatsbürgerliche Rechte) sowie Art. 34 (Haftung bei Amtspflichtverletzung), Art. 19 Abs. 4 (Rechtsschutzgarantie), Art. 20 Abs. 3 (Rechtsstaatsprinzip).

---

[31] vgl. *bdb* 2005 S.6, Betreuung als Beruf
[32] vgl. BOCK/WEIGAND 2002, S. 106
[33] vgl.POPP 2003, S.258, Rn II.
[34] JÜRGENS/KRÖGER/MARSCHNER/WINTERSTEIN 2002, S. 63 Rz 164

POPP fasst zusammen: „Der Betreute kann sich gegenüber dem die Betreuung anordnenden Staat direkt auf seine Grundrechte berufen".[35]

Der Sozialabeiter/ -pädagoge benötigt, wenn er rechtliche Betreuungen führt, fundierte Rechtskenntnisse. Er muss sich auskennen im bürgerlichen Recht, insbes. Schuldrecht, Familienrecht, selbstverständlich Betreuungsrecht. Hohe Kompetenzen werden im Sozialleistungsrecht erwartet; der sichere Umgang mit diesen Normen ermöglicht erst kompetentes Auftreten gegenüber der jeweils zuständigen Behörde.

Detaillierte Kenntnisse zum Verwaltungsverfahren- Zuständigkeiten, Antragstellung, Mitwirkungspflichten, Fristen, Rechtsmittel- sowie Vorschriften des Sozialdatenschutzes sind die Voraussetzung erfolgreicher Interventionen zum Wohle der Klienten.

2.3. Ausgewählte, themenrelevante Aspekte zur rechtlichen Betreuung

Rechtliche Betreuung ist eine hochkomplexe Materie. Unzählige Fachbücher sind auf dem Markt, viele setzen sich detailliert mit Teilbereichen auseinander, etwa Haftung des Betreuers oder Zwangsunterbringung.

Um den Rahmen dieses Buches nicht zu sprengen, wurden nur einige, für die Verfasserin jedoch besonders relevante, Themen ausgewählt. Im Wesentlichen geht es um die Klärung des „Innenverhältnisses" zum Betreuten. Hier bestehen noch immens viele Missverständnisse: Häufig vermuten die beteiligten Institutionen- Behörden, Kliniken, Banken etc.- irrtümlich noch eine Rechtsposition des Betreuten im Sinne der früheren Entmündigung. Oder es bestehen im sozialen Umfeld der Betroffenen Erwartungen an den Betreuer, die mit dessen Handlungsauftrag- nämlich ausschließlich zum Wohle des Betroffenen zu agieren- nicht in Übereinstimmung zu bringen sind.

Wichtig ist deshalb, die entsprechenden Normen und ihre Auslegungen sowie die aktuelle Rechtssprechung zu kennen. Dies ermöglicht eine selbstbewusste Position und sichere Argumentation, gerade auch im Konfliktfall.

---

[35] POPP 2003, S.259, Rz.III

2.3.1. Das Wesen rechtlicher Betreuung

Der Betreuer ist gesetzlicher Vertreter des Betroffenen und hat dessen Angelegenheiten nach § 1901 (1) BGB *rechtlich* zu besorgen. Die gesetzliche Vertretung ist nur statthaft im Rahmen der von Gericht angeordneten Aufgabenkreise. Diese sind keineswegs „pauschal" anzuordnen, sondern- nach dem Individualisierungsprinzip- streng nach der jeweiligen Erforderlichkeit.[36]

Somit ist die Tätigkeit des Betreuers von *faktischen* Tun abzugrenzen.

Tatsächlich notwendige Aufgaben wie Einkäufe für den Betreuten, Pflegeverrichtungen etc. sind nicht selbst durchzuführen, sondern ggf. zu organisieren.

Die Aufgaben des Betreuers liegen somit im wesentlichen in der *Vertretungs*- und *Organisationsleistung.*

Die bloße Bestellung eines Betreuers hat keine Auswirkungen auf die Geschäfts- und Einwilligungsfähigkeit des Betroffenen.[37]

Seine Aufgabe, so THAR, „erstreckt sich auf die Wiederherstellung der rechtlichen Handlungsfähigkeit".[38]

2.3.2. Voraussetzungen rechtlicher Betreuung

Mehrere Voraussetzungen müssen gleichzeitig erfüllt sein:

Der Betroffenen muss volljährig sein, unter einer psychischen Krankheit oder einer körperlichen, geistigen oder seelischen Behinderung leiden, *und infolgedessen* beeinträchtigt oder unfähig sein, seine Angelegenheiten ganz oder teilweise besorgen zu können.[39] Es gibt keinen Bevollmächtigten, und die Angelegenheiten können nicht durch andere Hilfen ebenso gut erledigt werden.

Zu klären ist hier der Begriff *„Angelegenheiten"*[40]:

Hier kommen- immer bezogen auf den konkreten Einzelfall- Angelegenheiten in Betracht, die Gegenstand der *Personensorge* sowie der *Vermögenssorge* sein können, wobei Angelegenheiten *tatsächlicher* oder *rechtlicher* Art betroffen sein können. Welche Angelegenheiten regelungsbedürftig sind, entscheidet sich nach der konkreten Lebenssituation des Betroffenen.

---

[36] HASSEMER, Vorlesung Studienschwerpunkt *Psychisch Kranke und Behinderte*, 11.04.2006, Evangelische Fachhochschule Ludwigshafen

[37] vgl.POPP 2003,S.64

[38] THAR, BtPrax 2/ 05, S.M5

[39] §1896 BGB

[40] vgl. BAUER/KLIE/RINK (2004) S.40

Entscheidend ist, ob er *seine* Angelegenheiten regeln kann oder nicht. Dazu gehören nur diejenigen Angelegenheiten, die- vor dem Hintergrund der bisherigen Biographie und Lebensgestaltung- erledigt werden müssen, um den Alltag zu beherrschen und zu gestalten.

Demnach handelt es sich bei der *Besorgung von Angelegenheiten* für den Betroffenen im Rahmen einer Betreuung darum, für den Betroffenen etwas zu tun, wozu er selbst nicht mehr in der Lage ist i.S. eines „Defizitausgleichs".[41] Er fungiert quasi als „Ausfallbürge"[42]

Erforderlich ist, üblicherweise, ein fachärztliches Gutachten.[43] Dieses hat in erster Linie Art und Ausprägungsgrad der Erkrankung u n d deren Auswirkungen auf die Fähigkeit des Betroffenen, seine Angelegenheiten zu besorgen, zum Inhalt. Es muss also eine *Kausalität* zwischen Krankheit/ Behinderung und dem tatsächlichen Unvermögen zur Erledigung eigener Angelegenheiten vorliegen, es bedarf einer „fachpsychiatrische Konkretisierung und der Darlegung ihrer Auswirkungen auf die kognitiven und voluntativen Fähigkeiten des Betroffenen."[44] Kommt nach Auffassung des Sachverständigen eine Betreuerbestellung in Betracht, so hat er sich auch zum Umfang des Aufgabenkreises und zur voraussichtlichen Dauer der Betreuungsbedürftigkeit zu äußern. Abschließend hört der Vormundschaftsrichter den Betroffenen „in seiner gewöhnlichen Umgebung" an. Nachfolgend ergeht ggf. der Beschluss über die Anordnung einer Betreuung.

Bei Frau K. wurde fachpsychiatrisch ein hirnorganisches Psychosyndrom mit wahnhafter Ausprägung diagnostiziert, infolgedessen sie, zusätzlich beeinträchtigt durch ihre internistische Erkrankungen und Altershinfälligkeit, außerstande war, ihre Angelegenheiten persönlich zu regeln. Eindeutig war hier Gefahr im Verzuge. Die Betreuerbestellung war erforderlich.

Als Psychische Krankheiten i.S. einer Voraussetzung für die Betreuerbestellung sind anzusehen[45]:

- Körperlich nicht begründbare (endogene) Psychosen- Schizophrenien, Affektive Störungen
- Körperlich begründbare (exogene) Psychosen – pathologische Prozesse im Gehirn Ursache für Wesensveränderungen, Demenzerkrankungen
- Abhängigkeitskrankheiten- und infolgedessen massive Abbauerscheinungen
- Konfliktreaktionen, Neurosen und Persönlichkeitsstörungen (Psychopathien)

-nur bei schwersten Ausprägungen Krankheitswert-

---

[41] BIENWALD, in: BAUER/KLIE/RINK (2004),S.41

[42] BtPrax 4/99, S.123

[43] vgl. auch OBERLOSKAMP. BtPrax 4/ 2004 S. 123

[44] BtPrax 1/ 02, S.37, Bay ObLG 3Z BR 246/01, Beschluss v. 24 August 2001 **FN45**

[45] vgl. JÜRGENS/KRÖGER/MARSCHNER/WINTERSTEIN 2002, S.12-13, Rz 43-46

> und als ursächliche Verknüpfung mit der Krankheit eine *soziale Folge.*

2.3.3. Orientierung an Wohl und Wille des Betroffenen als ethische Leitlinie

Ausgegangen wird in der Fachliteratur von einem erheblichen Spannungsverhältnis zwischen Wunsch und Wille des Betroffenen einerseits und dessen Wohl andererseits.

Zu klären ist hier zunächst der Begriff des *Wohls:*
Nach § 1901(2) sind die Angelegenheiten des Betreuten so zu besorgen, wie es dessen Wohl entspricht. Zum Wohle des Betreuten gehört auch die Möglichkeit, *im Rahmen seiner Fähigkeiten sein Leben nach seinen eigenen Wünschen und Vorstellungen zu gestalten,* denn: Grundsätzlich endet die Selbstbestimmung *nicht* mit der Betreuerbestellung!

Hier wird der Schwerpunkt deutlich in Richtung auf das subjektive Wohl geschoben- der Betreuer hat sich unbedingt um eine Beurteilung aus Sicht des Betreuten zu bemühen: Unter Berücksichtigung seiner konkreten Lebenssituation, seiner Fähigkeiten und Einschränkungen und seiner finanziellen Lage.[46]
Beim nicht-äußerungsfähigen Betroffenen ist der mutmaßliche Wille zu ermitteln.

Einerseits ist hier eine „Wunschermittlungspflicht"[47] bzw. gem. § 1901 Abs.3 S. BGB eine „Wunschbefolgungspflicht"[48] abzuleiten. Jedoch müssen die Wünsche des Betroffenen gem. § 1901 (3) mit dessen Wohl zu vereinbaren sein. Auch muss die Umsetzung der Wünsche des Betreuten für den Betreuer zumutbar sein.

Gem. § 1901 Abs. 3 BGB hat der Betreuer auch den Wünschen des Betreuten zu entsprechen, die *vor* der Betreuerbestellung geäußert wurden, es sei denn, dass er an diesen Wünschen erkennbar nicht festhalten will.

Das Wohl des Betreuten ist oberste Leitlinie des Betreuungsrechts und Maßstab für jedes Handeln. Hier ist zunächst der Begriff „Wohl" zu definieren. Unterschieden wird nach dem *objektiven* Wohl- welches allgemein gültigen Standards oder Normen entspricht, sowie dem *subjektiven* Wohl.

---

[46] vgl. DEINERT/LÜTGENS/MEIER 2004, S. 129
[47] POPP 2003,S.107
[48] DEINERT/LÜTGENS/MEIER 2004, S.129

22

Das subjektive Wohl ergibt sich aus der Lebensweise und den Einstellungen des Betreuten. Die Wünsche und Vorstellungen des Betreuers spielen hier keine Rolle.[49] Steht beispielsweise eine Heimunterbringung zur Diskussion, da der Betreuer das objektive Wohl des Betreuten mit „ Warm-satt-sauber, also Altenheim!" definiert, so wird durch die Orientierung am subjektiven Wohl die Rechtsposition des Betroffenen gestärkt, der „vermüllt, mit 15 Katzen", darauf besteht, zu Hause zu bleiben.

So betont THIERSCH in seiner Abhandlung *„Gerechtigkeit und soziale Arbeit"* den „Anspruch auf unbedingte Anerkennung des Anderen in seinem So-Sein, auch jenseits von möglichen Verbesserungen und von Chancen zum produktiven Handeln." Der Betreuer hat „grundsätzlich den Lebensentwurf des Betroffenen zu beachten"[50] und darf daher erst eingreifen, wenn höherrangige Rechte (Leben oder Gesundheit) konkret bedroht sind.[51]

„Eine „Besserung" oder wie auch immer geartete Änderung der Lebensweise des Betreuten ist nicht Aufgabe des Betreuers."[52]

Die Orientierung am subjektiven Wohl des Betroffenen ist rechtswissenschaftlich und in der Rechtssprechung eindeutig.[53]

Dazu BIENWALD: „Soziale Auffälligkeiten, die nicht mit den Lebensvorstellungen des Betreuers übereinstimmen, den Betreuten aber charakterlich prägen und seine Form der Lebensgestaltung ausmachen, sind hinzunehmen und berechtigen nicht zu einem korrigierenden Eingreifen"[54]

Daraus folgt, so THIERSCH, dass „der Respekt vor dem Anderssein, die Akzeptanz und Förderung des Eigensinns der Adressaten Grundlage des sozialarbeiterischen Handelns" sind.[55]

---

[49] vgl. SEITZ. BtPrax 5/05, S.170

[50] JÜRGENS/KRÖGER/MARSCHNER/WINTERSTEIN 2002, S. 63, Rz 164

[51] § 1901 Abs.3 BGB

[52] DEINERT/LÜTGENS/MEIER 2004, S. 129, Fussnote 5: BayObLG, FamRZ 1993,600

[53] siehe hierzu auch SEITZ, „Wohl und Wille als Handlungsnormen im Betreuungsrecht. Dargestellt vor allem an Hand der Rechtssprechung des Bayerischen Obersten Landesgerichts." Betrifft: Betreuung Nr.8, VormundschaftsGerichtsTag e.V., Eigenverlag sowie BtPrax 5/05. S.170

[54] DEINERT7LÜTGENS/MEIER 2004, S. 129, Fussnote 7: BIENWALD, Betreuungsrecht; HK-Bur-Bauer, §1901 Rz 27

[55] THIERSCH, H., Tübinger Institut für Erziehungswissenschaften: THIERSCH 1993, Strukturierte Offenheit zur Methodenfrage einer lebensweltorientierten Sozialen Arbeit, S.13, in: Rauschenbach u.a.

Auch der *Wille* ist hier zu definieren:

Grundsätzlich ist davon auszugehen, dass der Mensch einen *freien Willen* hat. Damit kann jeder Mensch selbst über sein Wohl entscheiden. Dies, so SEITZ, gilt (selbstverständlich) auch für Menschen, für die ein Betreuer bestellt ist. Denn „wird schon durch eine solche Bestellung die Geschäftsfähigkeit nicht eingeschränkt, so gilt dies erst recht für die Grundrechtsfähigkeit".[56]

Folglich ist die Betreuung der selbst verantworteten Entscheidung und Handlung des betroffenen Menschen immer nachrangig.[57]

Das Wohl des Betreuten wird somit gewürdigt indem man ihm hilft, seine Wünsche und Vorstellungen, und damit seinen Willen, zu verwirklichen.[58]

Die Beachtung des Willens wird, so SEITZ weiter, durch das grundrechtliche allgemeine Persönlichkeitsrecht geschützt und seine Bedeutung dadurch verstärkt.[59] Dies würdigt die Rechtssprechung, insbesondere des BayOLG, in etlichen Urteilen; hinreichend belegt wird dies von SEITZ in seinen Ausführungen.

Die *freie* Willensbestimmung ist im Gesetz definiert nach §§ 104 Nr.2 BGB sowie i. S. von § 1896 Abs.1 Satz 1 BGB. Laut Rechtsprechung gilt das „Recht und Freiheit zur Krankheit, zur Verwirrtheit"[60], "zur Verwahrlosung, Recht und Freiheit zur Vermüllung , zum Leben unter der Brücke, trotz psychischer Erkrankung."[61].Voraussetzung zur freien Willensbildung ist die *Einsichtsfähigkeit* des Betroffenen, also die Fähigkeit, ein Für und Wider gegeneinander abwägen zu können und nach dieser Einsicht zu handeln (*Steuerungsfähigkeit*). Betreuungsrechtlich relevant ist hier die Frage, ob *fremde Einflüsse,* etwa Sinneswahrnehmungen, den Willen übermäßig beeinflussen- somit wäre der freie Wille durch die Erkrankung *beeinträchtigt* oder gar *ausgeschlossen.*

Gerät der Betroffene in diesem Geisteszustand in *konkrete Gefahr,* so kann zu seinem Wohle eine Unterbringung mit Freiheitsentziehung notwendig sein. Hierzu GELÜBCKE/ OSTER-FELD: „In der Unterbringungssituation steht der Wille des Betreuten am krassesten gegen das Wohl des Betreuten".[62]

---

[56] SEITZ 2006, Wohl und Wille als Handlungsnormen im Betreuungsrecht, in: Betrifft: Betreuung, Band 8, 2006, S.65

[57] vgl. THAR BtPrax 2/05, S.M5

[58] vgl: SEITZ BtPrax 5/05 S.173

[59] vgl.SEITZ, BtPrax 5/ 05, S. 173

[60] JÜRGENS/KRÖGER/MARSCHNER/WINTERSTEIN 2002, S.63, RN164

[61] SEITZ, BtPrax 5/05, S.174

[62] Betrifft: Betreuung 8, 2006, S. 84

Verbleibt der *natürliche* Wille. Im Betreuungsrecht ist der natürliche Wille von herausgehobener Bedeutung. „Beispielsweise ist dem ernsthaften und durch einen natürlichen Willen getragene Wunsch auch eines willensschwachen Betroffenen, etwa nach einem bestimmten Betreuer, grundsätzlich zu entsprechen".[63] Folglich hat sich der Betreuer, so VON LOOZ, „Wünschen und Vorstellungen bis an die Zumutbarkeitsgrenze unterzuordnen"[64]

Zusammenfassend ist festzuhalten, dass zwischen der *subjektiven* und *objektiven* Komponente, gerade der täglichen Betreuungsarbeit, ein erhebliches Spannungsverhältnis bestehen kann. Denn die persönlichen normativen Einstellungen des Betreuers, seine Bedenken vor Schadensersatzforderungen, gar strafrechtlicher Verfolgung verstärken möglicherweise die Tendenz, sich - pflichtwidrig- am objektiven Wohl zu orientieren.

Denn häufig liegt das Problem doch gerade darin, dass mit der vom Betreuten gewünschten Lebensweise durchaus eine gewisse Selbstschädigung verbunden ist; dies ist nicht nur bei Betreuten so. Womöglich fühlt er sich gerade deshalb *wohl!*

Um zivil- oder strafrechtlich belangt zu werden, muss dem Betreuer jedoch *pflichtwidriges* Verhalten nachgewiesen werden. Jedoch stärkt geltende Rechtsprechung[65] eindeutig die Orientierung am subjektiven Wohl, die i.S. des § 1901 Abs.3 BGB quasi einer „Anweisung" an den Betreuer entspricht.[66] Auch ERMANN/ HOLZHAUER stellen fest:
„Der Wille des Betreuers ist bei der Entscheidung kaum von Bedeutung".[67]

STOLZ und MEES-JACOBI[68] wagen eine Analogie zu *Goethes* Erlkönig: (… und bist du nicht willig, so brauch` ich Gewalt) sowie *Schillers* Wallenstein (Des Menschen Wille, das ist sein Glück), wobei letzteres Zitat als Handlungsnorm die Orientierung klar vorgibt.

Somit ist der Betreute eindeutig aus der Objektposition des Mündels herausgetreten.
In der Betonung des subjektiven Wohls, so GROHALL, „ kommt das Menschenbild von der Integrität der Einzelperson zum Ausdruck".[69]

---

[63] SEITZ .BtPrax 05/05, S.173
[64] V: LOOZ. BtPrax 3/97 S.86
[65] insbes. BayOLG
[66] vgl. SEITZ (2006)S.64, Betrifft: Betreuung 8 2006
[67] Ermann/ Holzhauer, §1901, Rn 19 S.70, in: Betrifft: Betreuung 8, S.70, Fußnote 30
[68] BtPrax 3/94, S.83
[69] GROHALL. BtPrax 1/ 02, S.14

Unter Würdigung sämtlicher Aspekte reduziert sich somit das Spannungsverhältnis zwischen Wohl und Wille erheblich. Jedoch verbleibt dem Betreuer bei der Risikoabwägung im Berufsalltag dennoch ein gewisses Spannungsfeld zwischen Wunsch und vermeintlichem Wohl des Betreuten. Hier würdigte die Rechtsprechung bereits in einem Haftungsprozess die Orientierung des Betreuers am subjektiven Wohl des Betroffenen und wies die Klage ab.[70]

2.3.3.1.   Allgemeines Lebensrisiko des Betreuten- Risiko für den Betreuer?

Aus der Praxis: Herr J., 42, „trocken" alkoholkrank, und leicht minderbegabt. Herr J. ist homosexuell und von seiner Persönlichkeitsstruktur ein gutgläubiger, „naiver" Mensch. Von seinem Weihnachtsgeld möchte er einige Tage alleine nach Amsterdam fahren. Aufgrund seiner intensiven Internetrecherche vermutet seine Betreuerin Kontakte zum dortigen „Rotlichtmilieu" .

Herr D., 28 Jahre alt. Leidet unter einer chronifizierten Schizophrenie mit häufigen selbstgefährdenden, mitunter auch fremdgefährdenden Durchbrüchen. Immer wieder muss er deshalb auf der Akutstation behandelt werden. Dort hat er infolge psychotischen Wahnerlebens bereits zweimal Feuer gelegt. Der Betroffene lebt in einer geschlossenen Einrichtung und hat stundenweise Ausgang. Sein sehnlichster Wunsch ist es, mit dem Vater vier Wochen lang in sein Heimatland Türkei zu fliegen, um dort nach 15 Jahren die Mutter wieder zu sehen. Auch hat er angekündigt, dort „unterzutauchen", um dort zu heiraten.
Der Vater verleugnet die Erkrankung des Sohnes; es ist unmöglich, ihm die Problematik transparent zu machen und ihm die Fürsorge für den Betroffenen zu überlassen.

Wünsche des Betreuten sind mitunter mit Risiken verbunden. Dabei handelt es sich häufig um „normale Lebensrisiken", die für jedermann gelten. Hier neigen Betreuer dazu, „übervorsichtig" mit den Betreuten umzugehen, möglicherweise auch aus den Bedenken heraus, im Falle eines Schadens zivilrechtlich haftbar gemacht zu werden. Grundlage der Haftung ist jedoch nicht der Eintritt eines Schadens, sondern das Vorliegen einer Pflichtverletzung, etwa im Falle *schuldhaften* Unterlassens. Er kann und soll auch nicht jedes Lebensrisiko abdecken.
Grundsätzlich bestehen stets zwei Alternativen mit ihrem je eigenen Risiko. Die denkbaren Risiken und Sicherheitsüberlegungen sind in Beziehung zu setzen und abzuwägen i.S. einer Nutzen-Risiko-Entscheidung.[71] Im Falle *Herrn J.* stand nach sorgfältiger Abwägung dessen Wunsch, nach Amsterdam zu fahren, kein hinreichender Verhinderungsgrund im Wege. Die Flugreise des *Herrn D.* wurde jedoch nicht realisiert.

---

[70] vgl. DEINERT/LÜTGENS/MEIER 2004, S. 131
[71] vgl. CREFELD/ LANDZERATH/ WESSELS. BtPrax 6/95, S.205

Eine Rechtfertigung, dem Wunsch des Betreuten nicht zu entsprechen, könnte sein: Das Wohl des Betreuten ist konkret und voraussehbar gefährdet i.S. einer Selbstschädigung bei Wünschen, deren Erfüllung- so STOLZ und MEES-JACOBI „die gesamte Lebens- und Versorgungssituation des Betreuten merklich verschlechtern würden“.[72] Wunscherfüllung wäre hier mit schwerem Schaden gleichzusetzen und ist deshalb nicht geboten.

Themenrelevant ist die Auseinandersetzung mit möglichen Risiken auch deshalb, weil Kriseninterventionen des Betreuers üblicherweise in eine Zeit der Dekompensation des Betroffenen fallen. Die Abwägung für oder gegen eine Wunscherfüllung muss hier besonders sorgfältig durchgeführt werden, um konkrete Risiken erkennen zu können und entsprechend zu handeln.

Grundsätzlich sollte auch das eigene Absicherungsbedürfnis reflektiert werden.

Das Recht auf Eingehen eines Risikos gehört zum Leben, ist auch *„Freiheitsrecht“*; Selbstschädigung kann nicht pauschal verhindert werden. Wünschenswert wäre mehr Gelassenheit im Umgang mit den Betroffenen, was eine sorgfältige Betreuungsführung nicht ausschließt! Empfehlenswert ist eine sorgfältige Dokumentation über die Erfüllung bzw. Nichterfüllung riskanter Wünsche des Betroffenen, was auch haftungsrechtlich relevant sein kann. Ggf. kann auch Rücksprache mit dem Vormundschaftsgericht notwendig sein.

Abschließend noch eine „Arbeitshilfe“ von HOFFMANN, die m.E. den Blick aufs Wesentliche lenkt:

„Die erste Frage, die sich jeder Betreuer zu stellen hat, ist nicht: „Entspricht der Wunsch des Betreuten dessen Wohl?“ ,(…) sondern: „Kann der Betreute diese Angelegenheit selbst entscheiden?“[73]

---

[72] STOLZ/JACOBI. BtPrax 3/94, S.85
[73] HOFFMANN. BtPrax 2/01, S.62

Im Falle der *Frau K.* konkretisierte sich die Abwägung der Wünsche und Risiken wie folgt:

Frau K. wurde acht Monate lang auf der geschlossenen Akutstation eines fachpsychiatrischen Krankenhauses behandelt. In den ersten Wochen hatten die Ärzte um das Leben der Betroffenen gebangt, da diese alles verweigerte und zeitweise künstlich ernährt werden musste. Für alle Beteiligten war klar, dass Frau K. in ein Heim umziehen würde. Frau K. äußerte der Betreuerin gegenüber vehement, dass sie wieder in ihr Haus einziehen wolle, vor allem wolle sie sich wieder selbst um ihre Katze kümmern. Dies war der Arbeitsauftrag: Somit wurden, zunächst probeweise, alle erforderlichen Hilfen incl. diverser (in Nachbarschaftshilfe durchgeführter, kostenloser) Umbaumaßnahmen installiert, um der Betroffenen ihren Lebensmittelpunkt zu erhalten. Das Risiko körperlicher Unversehrtheit- im häuslichen Bereich - war u.a. die Sturzgefahr größer- musste abgewogen werden gegen das seelische Gleichgewicht und den klar geäußerten Wunsch von Frau K. Die Entscheidung der Betreuerin stieß bei den Beteiligten auf krasses Unverständnis bis hin zu Feindseligkeit.

2.3.4. Vom Umgang mit der Macht

Eine gute Basis zur Zusammenarbeit ergibt sich, wenn - trotz des erheblichen Machtpotentials des Betreuers- eine vertrauensvolle Beziehungsebene hergestellt werden kann. Dabei ist es wichtig, sich die (beidseitige?) Abhängigkeitsproblematik der Beziehung bewusst zu machen. Gleichberechtigt ist diese nie, kann sie nicht sein. Auch diese Asymmetrie muss verstanden und ausgehalten werden. Da mir die Auseinandersetzung mit diesem Thema außerordentlich relevant erscheint, wird der Themenkomplex Macht hier aus unterschiedlichen Perspektiven beleuchtet.

Die Situation chronisch kranker Betreuter geht in der Regel einher mit Persönlichkeitsveränderungen, kognitiver Beeinträchtigung und sozialer Not. Allein deshalb ist der Betreuer von Beginn an in einer machtvolleren Position. Seine reifere Persönlichkeit, seine akademische Ausbildung, seine wirtschaftliche Situation, sein Expertenstatus sowie sein hoheitlicher Auftrag legen die Asymmetrie im Augenblick der ersten Begegnung fest. Zudem verfügt der Betreuer über die Kompetenzen, an denen es dem Betroffenen typischerweise mangelt: Aktivität, Kontaktfreudigkeit, Organisationstalent, Belastbarkeit, u.s.w.
Dem Betroffenen kann somit in der Interaktion seine eigene Unzulänglichkeit „gespiegelt" werden- hier von einem symmetrischen Verhältnis auszugehen, wäre realitätsfern und naiv.

Eine bekannte Definition von Macht stammt von dem Soziologen MAX WEBER:

„Macht bedeutet jede Chance innerhalb einer sozialen Beziehung, den eigenen Willen auch gegen Widerstreben durchzusetzen, gleichviel, worauf diese Chance beruht".[74]. Hervorzuheben ist hier, dass WEBER Macht offensichtlich zunächst als Option versteht, Macht handelnd durchzusetzen.

Dieses Entscheidungsrecht charakterisiert auf das typischste die Beziehungsebene zwischen Betreuer und Betreutem. *(„Doppeltes Mandat")* Selbst wenn die Beziehungsgestaltung grundsätzlich in Form eines gleichberechtigten Aushandlungsprozesses geführt wird, so hat- explizit im Rahmen von Krisenintervention- der Betreuer in der Regel „das letzte Wort", übernimmt die Verantwortung, wenn der Betroffene hierzu nicht mehr in der Lage ist. Trifft ggf. Entscheidungen auch gegen den ausdrücklichen (natürlichen) Willen des Betroffenen, wenn es an Alternativen fehlt.
Um so zu handeln, bedarf es legitimierter Macht. Die hat der Betreuer, „kraft seines Amtes". Dieses Entscheidungsrecht muss bereits im Vorfeld kritischer Situationen transparent gemacht werden; zum einen deshalb, weil der Betreute grundsätzlich ein Recht darauf hat, über betreuungsrechtliche Handlungen umfassend aufgeklärt zu werden. Andererseits auch darum, weil ein unerwarteter rigider Eingriff, womöglich in Grundrechte, das Vertrauensverhältnis zum Betreuer irreparabel belasten kann.

Die Entscheidungsübernahme durch den Betreuer in kritischen Situationen kann für den Betroffenen jedoch auch Entlastung bringen und ihm Sicherheit und Vertrauen geben.
Eine Analogie zur rechtlichen Struktur einer Eltern-Kind-Beziehung erscheint mir hier angebracht.

Jedoch können, wo immer Menschen miteinander in Beziehung treten, schädigende Abhängigkeits- und Missbrauchbeziehungen entstehen.
Die Soziale Arbeit ist hiervon nicht frei. Der Psychotherapeut SCHMIDTBAUER beschreibt in seinem Standardwerk *Die hilflosen Helfer* den Machtmissbrauch als Fehlform des Helfens. Die Bedürftigkeit des Klienten wird- häufig unbewusst- ausgenutzt zur Befriedigung eigener narzisstischer Bedürfnisse. Die eigenen Machtposition wird kultiviert und der Klient in einer abhängigen Position gehalten. Dies dient der Regulation des eigenen Selbstwertgefühls. Die

---

[74] WEBER 1976, S.89

Helferpersönlichkeit benötigt permanente Zuwendung und Anerkennung, macht sich emotional vom Klienten abhängig und beutet diesen somit für seine eigene Bedürftigkeit aus.

Der Schweizer Psychiater GUGGENBÜHL-CRAIG [75] spricht gar von einem *Machtschatten*, den der professionelle Helfer möglicherweise in die Beziehung mit einbringt.

Er beschreibt Helfer, die ihre Klienten bekämpfen, sich gegen deren Vorstellungen und Bedürfnisse durchsetzen- auch wenn die Klienten die Hilfe ablehnen. Weiter unterstellt GUGGENBÜHL-CRAIG Machtgelüste: Nicht der Wunsch zu helfen, sondern den Klienten zu beherrschen und zu entmachten kann hier Motivation des sozialarbeiterischen Handelns sein.

Er fragt: Was treibt einen Menschen dazu, sich mit der dunklen Seite des Lebens zu befassen? Was fasziniert ihn daran?
Es müssen Menschen von einer sehr speziellen psychologischen Struktur sein, so GUGGENBÜHL-CRAIG, welche es sich zur Lebensaufgabe setzen, einer der großen Polaritäten der Menschheit, nämlich sozial angepasst- sozial versagend, sozial erfolgreich- sozial außenstehend, sozial gesund- sozial krank, sich tagtäglich auszusetzen."
Und er stellt fest: „Polaritäten faszinieren Angehörige helfender Berufe mehr als andere."

GUGGENBÜHL-CRAIG hebt die Bedeutung der eigenen Lebensgeschichte hervor sowie deren Einfluss auf das „Helferverhalten", und leitet die Notwendigkeit ständiger Reflexion ab.

Dem schließe ich mich an. Unbedingt ist die persönliche Hilfsmotivation abzuklären, um ggf. selbst therapeutische Begleitung wahrzunehmen und Fehlentwicklungen vorzubeugen.

Dennoch ist Macht nicht grundsätzlich negativ zu verstehen. Abgeleitet von dem griechischen Wort „telos", also: Grenzen setzen, bedeutet es doch auch:
Kraft, Vermögen[76], im Sinne des englischen „power": Kraft, Energie und, angelehnt an das lateinische „potentia", auch Möglichkeit.

STAUB-BERNASCONI unterscheidet zwischen *Begrenzungsmacht* und *Behinderungsmacht*.[77]

---

[75] GUGGENBÜHL-CRAIG, 1978, S.34
[76] Brockhaus Enzyklopädie, 1990, S.672
[77] vgl. STAUB- BERNASCONI, Arbeitsblatt zur Behinderungs- und Begrenzungemacht

Zusammenfassend ist eine Begrenzungsmacht durchaus als positive Machtausübung zu werten, da handelnd etwas bewirkt werden kann- themenbezogen also zum Wohle des Betroffenen. Abzulehnen ist hingegen die „Behinderungsmacht", die sich, um die Ausführungen von STAUB-BERNASCONI auf die Betreuungstätigkeit zu übertragen, schädigend auf den Klienten auswirkt und dem Selbstbestimmungsrecht des Betreuten entgegensteht.

Fazit ist letztlich, die Asymmetrie einer Beziehung des Betreuers zum Betreuten, insbesondere im Rahmen von akuten Kriseninterventionen, anzuerkennen.

Von wesentlicher Bedeutung ist es, gegebene Machtstrukturen sowie die eigene Macht bewusst wahr zu nehmen und verantwortungsvoll zu reflektieren. Hierzu bieten sich Supervisionen u.ä. Gremien zum reflektiven therapeutischen oder kollegialen Austausch an.

Nicht unerwähnt bleiben soll hier die Machtposition des Klienten.

Durch dessen oft fehlangepassten Verhaltensmechanismen und Widerstände erfährt auch der Betreuer immer wieder die Grenzen seiner Möglichkeiten und fühlt sich ohnmächtig.

PLOG schildert den langen psychotherapeutischen Hilfeprozess eines Klienten, der kurz vor seiner Entlassung einen schweren Rückfall erleidet; infolgedessen werden sämtliche geleisteten Maßnahmen und Vorbereitungen für einen Neueinstieg ins Berufsleben hinfällig. In der Konsequenz fühlen sich sämtliche am Hilfeprozess Beteiligten enttäuscht, frustriert- und ohnmächtig.[78]

Zusammenfassend bietet sich hier ein Zitat von POLKE an:

„Die Zuweisung der alleinigen Verantwortung für das „Wohl und Weh" des Betreuten verschafft dem/r BetreuerIn ein enorm hohes Machtpotential und gleichzeitig analog hierzu eine große psychische Belastung."[79]

2.3.5. Grundsatz persönlicher Betreuung i.V. mit 2. BtÄndG

Nach § 1897 (1) soll der Betreuer die Angelegenheiten des Betreuten nicht nur rechtlich besorgen, sondern ihn in dem hierfür erforderlichen Umfang *persönlich* betreuen.

Wie bereits erörtert, ist es die unbedingte Pflicht des Betreuers, den Willen des Betroffenen zu ermitteln, um die Umsetzung des subjektiven Wohls des Betreuten zu gewährleisten.

---

[78] vgl. PLOG 2002, S.39
[79] POLKE. BtPrax 3/ 04, M9

Es geht somit kein Weg an der persönlichen Betreuung vorbei. Denn nur dadurch, dass ein Zugang zum Betroffenen gelingt, und somit ein Vertrauensverhältnis aufgebaut werden kann, ist die Basis einer Zusammenarbeit gegeben. Erinnert wird in diesem Zusammenhang auch an die Besprechungspflicht gem. § 1901 (3).

Betreuung wird- gerade auch im Kontext von Krisensituationen- verordnet, und es ist dem Betroffenen üblicherweise nicht freigestellt, diese „fremdbestimmte Leistung" anzunehmen.[80] Eine Beziehung aufzubauen und zu erhalten kostet- Zeit. Erschwerend kann hinzukommen, dass die Betreuung gegen den natürlichen Willen des Betroffenen angeordnet wurde. Infolgedessen sind hier erfahrungsgemäß zunächst erhebliche „Sperren" zu überwinden.

Der Betreuer hat die Pflicht, im Rahmen der angeordneten Aufgabenkreise die Angelegenheiten des Betreuten zu dessen Wohl zu besorgen. Dies kann gerade bei psychisch Kranken sehr zeitintensiv sein, und jeder Betreuer ist gut beraten, hier sorgfältigst zu arbeiten, denn stets ist er für sein Tun haftbar.[81]

> Nach der rechtswidrigen Entrümpelung durch den Stiefsohn fand die Betreuerin in einem der vor dem Haus stehenden Container Jahrgänge einer Fachzeitschrift für Gartengestaltung. Diese hatte Frau K. trotz ihrer extremen Sparsamkeit im Abonnement bezogen. Der Nachbar erzählte, dass Frau K. ihren kleinen Garten, der hinter hohen Hecken verborgen war, mit Hingabe gepflegt hatte. Ihr ganzer Stolz seien die seltenen Rosensorten gewesen. Zu den regelmäßigen Besuchen bei Frau K. brachte die Betreuerin jeweils die neue Zeitschrift mit, gelegentlich ein paar Rosen aus dem Garten der Frau K. Endlich war ein emotionaler Zugang zur Betroffenen möglich. Es schien, als holten die Blumen und die Gespräche darüber die Betroffene in die Wirklichkeit zurück. Mit der Betreuerin konnte ein Stück Lebenswelt geteilt werden. Dies erst ermöglichte eine vertrauensvolle Beziehungsgestaltung, die sich im Laufe der Zeit festigte und Grundlage dafür war, die notwendigen Interventionen zur weiteren Lebensgestaltung zu akzeptieren.

Seit dem 01.07.2005 wird die Vergütung des Berufsbetreuers nach Pauschalen erstattet.[82] Unabhängig davon, wie umfangreich sich eine Betreuung gestaltet: Es gilt, unterschieden jeweils nach Dauer, Aufenthaltsort und Vermögenslage, stets das entsprechende Stundenkontingent. Die Umstände des Einzelfalls sind passé.

In dieses vorgegebene Raster soll die tatsächliche Arbeit „hineingepackt" werden.

---

[80] vgl. BtPrax 6/96,S.201, Forum: Die Rolle des Betreuers
[81] vgl. DEINERT/LÜTGENS/MEIER. Die Haftung des Betreuers, 1. Auflage 2004
[82] §§4 (1), 5 (1,2) VBVG

Ausgegangen wird hier von einer „Mischkalkulation", die ein „Auskömmliches Einkommen" garantieren soll.[83]

Eine Mischkalkulation für Berufsbetreuer, das ist Illusion - übernehmen doch gerade Berufsbetreuer besonders schwierige und damit zeitintensive „Fälle"! (Die, so steht es im Gesetz, an ehrenamtliche Betreuer zu übergeben sind, wenn die Betreuungsarbeit keiner Intention eines Profis mehr bedarf.)[84]

Wie sich diese Gesetzesänderung langfristig auswirken wird, ist noch nicht abzusehen. Die Praxis zeigt, dass gegenwärtig etliche Berufsbetreuer als selbständige Unternehmer die Zahl der von ihnen geführten Betreuungen ganz erheblich aufstocken, um ihr bisheriges „auskömmliches Einkommen" zu erwirtschaften. Der zeitliche Rahmen für den einzelnen Betreuten reduziert sich somit erheblich, „Kontakte werden zum Luxus" und aus Sicht der Vormundschaftsrichterin VON LOOZ, Richterin am AG Kerpen, sind bereits deutliche Veränderungen spürbar: „Kritische Bemerkungen von Betreuern über Betreute nehmen zu. „…"Wenn wir uns vom Borderliner mit „Für dieses Theater ist hier kein Platz!" abgrenzen und vom depressiven Menschen verlangen, er „solle sich mal ein bisschen zusammenreißen" , sind wir in die Entsolidarisierungsfalle getappt".[85]

Ihr Fazit: „Sozialarbeiterisch, betreuungsrechtlich und haftungsrechtlich falsch!"

2.3.6. Zwangsmaßnahmen

Wie der Name schon sagt, handelt es sich hierbei um Maßnahmen *gegen* den Willen des Betroffenen, da diesem krankheitsbedingt die Einsichts- und Steuerungsfähigkeit fehlt und er sich infolgedessen nicht frei für oder gegen eine Behandlung entscheiden kann. Es besteht folglich keine Wahlfreiheit, trotz „Freiheit zur Krankheit". Hinzu kommt eine konkrete Gefährdungssituation für den Betroffenen, die nicht anders abgewendet werden kann.

Zwangsmaßnahmen verlaufen selten „glatt". Insbesondere im Kontext von Unterbringungen mit Freiheitsentziehung werden alle Beteiligten mit Macht, Gewalt und möglicherweise auch mit Gefahr konfrontiert.

Die grundsätzliche Anerkennung des doppelten Mandats sozialer Arbeit – Hilfe und Kontrolle- erfährt hier m.E. seine direkteste, konkreteste Ausprägung. Es ist nicht einfach, diese

---

[83] Zitat Herrn Minister MERTIN, ehemaliger Justizminister von Rheinland -Pfalz auf einer Fachtagung des *bdb* zu den Auswirkungen des BtÄndG, 2005 in Nieder-Olm

[84] §1897 Abs. 6, Satz 2 BGB

[85] Vortrag 01.12.2005, Fachtagung der Überörtlichen Betreuungsbehörde Rheinland-Pfalz, Eltzer Hof Mainz) „Haben wir Zeit für so was? Kommunikation zwischen Betreuungsbehörde, Betreuer und Gericht". Veröffentlicht auch 2005 in BtPrax.

Situationen auszuhalten; wichtig ist hier fachlicher Austausch und zu reflektieren, dass es an Alternativen zur Zwangsmaßnahme fehlte und die Unterbringung letztlich im Interesse und zum Wohle des Betroffenen vollzogen wurde.

Unbedingt erforderlich sind im Kontext von Zwangsmaßnahmen die strenge Bindung an die jeweiligen gesetzlichen Grundlagen und Fachlichkeit aller Beteiligten. Für den Betroffenen kann die Zuführung zur Unterbringung ein traumatisches Erlebnis sein und zudem kann, so V. LOOZ, „ jede Unterbringung von den Betroffenen als Scheitern, als Beweis für die Sinnlosigkeit ihres Lebens empfunden werden."[86]

Bezogen auf das Klientel dieses Buches, ist trotz der grundsätzlichen Würdigung der Selbstbestimmung der Betroffenen festzuhalten, dass bei dieser Gruppe häufig ein höheres Maß an äußerer Kontrolle und Absprachen, als letztes Mittel ggf. auch Zwangsmaßnahmen, notwendig ist. Dies alternativ zu der „Freiheit", sich in schwierigste, existenziell bedrohliche Lebenslagen zu bringen.[87]

2.3.6.1.   Einwilligungsvorbehalt

Der geschäftsfähige Mensch bleibt auch nach Anordnung einer Betreuung voll geschäftsfähig. Selbst eine Betreuung auf die Vermögenssorge ändert daran nichts.

Das hat zur Folge, dass der Betroffene frei über sein Geld verfügen kann. Da die Betreuung nach § 1901 (1) BGB jedoch nur nach Erforderlichkeit angeordnet werden darf ist davon auszugehen, dass der Betroffene im Bereich Vermögensangelegenheiten erhebliche Defizite aufweist.

Der Berufsbetreuer hat üblicherweise mit einem Klientel zu tun, welches krankheitsbedingt nicht in der Lage ist, Ausgaben von vernünftigen Überlegungen abhängig zu machen und deshalb (zu) hohe Summen ausgibt. Besonders betroffen sind hier Suchtkranke, manisch Kranke und Demente. Häufig ist der finanzielle Spielraum bei Betreuungsübernahme ohnehin eng, mitunter unterhalb des Existenzminimums. Durchaus üblich sind Schulden in beträchtlicher Höhe. Der Tatbestand einer erheblichen Selbstschädigung ist hier offensichtlich.

---

[86] V. LOOZ. BtPrax 3/97, S.88
[87] vgl. RÖSSLER (Hrsg) 2004,Kap.21, Seite 305

Aus der Praxis: Herr S., 52, leidet seit rd. 30 Jahren an einer bipolaren Störung. Phasenweise erreicht die Erkrankung in manischen Phasen den Wert einer Psychose, etwa mit religiösen Wahnvorstellungen oder Größenwahn.

Herr S. hat Philosophie und Theologie studiert, wurde aufgrund seiner Erkrankung bereits berentet und züchtet Schafe. Zur langjährigen Betreuerin besteht ein gutes Vertrauensverhältnis. Herr Scholz lebt phasenweise völlig unauffällig und kann sämtliche Angelegenheiten erledigen. Übergangslos holen ihn dann jedoch manische Episoden ein, es folgen schwerste Depressionen, während dessen er wegen akuter Suizidgefahr regelmäßig auf der geschlossenen Akutstation einer psychiatrischen Klinik behandelt werden muss.

In der manischen Phase fühlt Herr S. sich euphorisch, leistungsfähig und voller kreativer Ideen. Er kauft ein Wohnmobil auf Kredit, um die Welt zu bereisen, kündigt deshalb seine Wohnung, verwirft den Gedanken an die Weltreise wieder und kauft ein Flugticket nach Kuba. Denn er ist der Bruder von Fidel Castro, und Schafe züchten kann er in der Karibik auch. Die Betreuerin beantragt beim Vormundschaftsgericht einen Einwilligungsvorbehalt auf die *Vermögenssorge*. (Denkbar wäre hier zusätzlich Einwilligungsvorbehalt auf das *Aufenthaltsbestimmungsrecht)*

Mittel zur Krisenintervention ist somit die Beantragung eines *Einwilligungsvorbehalts.* Wird Einwilligungsvorbehalt angeordnet, gerät der Betroffene in eine Rechtsposition, die vergleichbar ist mit der eines- beschränkt geschäftsfähigen- Minderjährigen, d. h. Willenserklärungen des Betreuten sind schwebend unwirksam und abhängig von der Genehmigung durch den gesetzlichen Vertreter. Rechtsgeschäftliche Aktivitäten seitens des Betroffenen, begangen im Zustand der Geschäftsunfähigkeit, können so „ins leere Laufen", und ein erheblicher Schaden somit abgewendet werden. Der Einwilligungsvorbehalt dient somit auch als „Arbeits- und Beweiserleichterung"[88].

Unberührt bleiben Geschäfte des täglichen Lebens aus Mitteln, die dem Betreuten zur freien Verfügung überlassen wurden und Willenserklärungen, die lediglich einen rechtlichen Vorteil erbringen. Unberührt bleiben auch Willenserklärungen, die auf Eingehen einer Ehe gerichtet sind und solche, die Verfügungen von Todes wegen betreffen.

Nach § 1903 BGB wird Einwilligungsvorbehalt angeordnet zur *Abwendung einer erheblichen Gefahr* für die Person oder das Vermögen des Betreuten. Der Einwilligungsvorbehalt „gilt als eine der *einschneidensten Maßnahmen* im Betreuungsrecht und kommt einer (partiellen) „Entmündigung" gleich".[89] Voraussetzungen sind hier neben dem Antrag durch den Betreuer die richterliche Anhörung und die Begutachtung durch einen Sachverständigen.

---

[88] HASSEMER, Vorlesung 11.04.2006, Studienschwerpunkt *Psychisch Kranke und Behinderte*, Ev. Fachhochschule Ludwigshafen

[89] JÜRGENS/KRÖGER/MARSCHNER/WINTERSTEIN, S.33, Rz 97

Fallen die Voraussetzungen für die Anordnung eines Einwilligungsvorbehaltes weg, so ist dieser unverzüglich aufzuheben.

2.3.6.2.   Zur Zwangsbetreuung[90]

Das grundrechtlich geschützte Selbstbestimmungsrecht des Betroffenen verlangt eine an den Werten der Verfassung orientierte[91], hohe Maßstäbe setzende, vormundschaftsgerichtliche Wertentscheidung, die sich der fremdbestimmenden Wirkungen der Betreuerbestellung bewusst ist.

Nach § 1896 Abs.1a BGB darf ein Betreuer nicht gegen den freien Willen des Betroffenen bestellt werden. Dessen Würde und allgemeine Handlungsfreiheit sind grundgesetzlich geschützt. Daraus folgt: Zwangsbetreuungen gegen den Willen der regelmäßig in ihrer Geschäftsfähigkeit nicht tangierten Betroffenen sind nur in Ausnahmefällen möglich, in denen die Geschäfts- und Einwilligungsfähigkeit zumindest teilweise aufgehoben ist. Im Bereich schwerer psychischer Erkrankungen kann die freie Willensbestimmung im Sinne des §104 Nr.2 BGB sowie § 1896 Abs.1 Satz 1 beeinträchtigt oder ausgeschlossen sein, da die beiden Elemente des freien Willens- Einsichtsfähigkeit sowie die Fähigkeit, nach dieser Einsicht zu handeln- fehlen.[92]

Hier verbleibt gewöhnlich ein sog. *natürlicher Wille*, „der eine Betreuerbestellung gegen den Willen des Betroffenen nicht zu verhindern vermag".[93]

Frau R. ist 29 Jahre alt, verheiratet, zwei Kinder. Sie leidet unter einer hochgradigen Borderline-Persönlichkeitsstörung, infolgedessen sie ihre weitere chronische Erkrankung, nämlich Diabetes, verleugnet. Als Folgeschäden sind bereits Nierenschäden und Erblindung eingetreten. Eine Diät wird nicht eingehalten. In der Vergangenheit kam es zu drei Suizidversuchen. Während einer Unterbringung in der Psychiatrie der Uniklinik Mainz wendet sich die Sozialarbeiterin des Krankenhaussozialdienstes an das Vormundschaftsgericht: Frau R. würde im Rahmen ihrer Erkrankung teilweise toben, teils sei sie autistisch zurückgezogen. Sie sei nicht einsichtsfähig und außerstande, ihre Angelegenheiten zu erledigen. Der Ehemann sei Alkoholiker, bemüht um seine Ehefrau, aber wegen der behinderten Kinder überfordert auch keine konkrete Hilfe. Bei der Erwähnung einer rechtlichen Betreuung habe Frau R. versucht, sich mit ihrem Fönkabel zu strangulieren. Die Betreuung wird umfassend angeordnet auch gegen den (natürlichen) Willen der Betroffenen.

---

[90] Begriff so benannt in Zimmermann, Walter, 2001, S. 328, sowie Zimmermann, Walter, 2000, S. 5
[91] BAUER/KLIE/RINK 2004, Rz 135
[92] vgl.BAUER/KLIE/RINK Rz 93a
[93] BAUER/KLIE/RINK Rz.93

Zusammenfassend ist festzuhalten, dass mit der Betreuerbestellung zwar die fehlende Selbst-bestimmungsmöglichkeit kompensiert werde soll; jedoch ist es dem Staat nicht gestattet, einen zur freien Willensbestimmung fähigen Betroffenen einer Einschränkung seiner Rechts-macht zu unterwerfen, ihn zu bessern oder von Selbstschädigung abzuhalten.

2.3.6.3.   Zum Unterbringungsrecht

Beschrieben wird hier die *zivilrechtliche* Unterbringung nach § 1906 BGB. Eine mit Frei-heitsentziehung verbundene Unterbringung liegt vor, wenn der Betroffene nicht nur kurzfris-tig in einem räumlich begrenzten Bereich eines geschlossenen Krankenhauses, einer anderen geschlossenen Einrichtung oder dem abgeschlossenen Teil einer Einrichtung festgehalten wird, ihr Aufenthalt ständig überwacht und die Kontaktaufnahme mit Personen außerhalb des Raumes durch Sicherheitsmaßnahmen verhindert wird.[94]

Neben der Unterbringung in einer geschlossenen Einrichtung fallen hierunter auch Fixierun-gen, etwa im Altenheim, oder sedierende Medikamente („Unterbringungsähnliche Maßnah-men"). Selbst die Androhung von Sanktionen im Falle eines „Weglaufens" fallen darunter.

Die Unterbringung in einer geschlossenen Einrichtung setzt eine stationäre Behandlungsbe-dürftigkeit des Betroffenen voraus („Eigengefährdung") sowie *fehlende* Einsichtsfähigkeit in die Notwendigkeit der Behandlung („Gegen den Willen"). Berechtigt zur Unterbringung ist der Betreuer; Voraussetzung ist hier das Vorliegen der erforderlichen *Aufgabenkreise*.

Die Unterbringung muss gem. § 1906 Abs.2 BGB vom Vormundschaftsgericht genehmigt werden. Nicht genehmigte Unterbringungen erfüllen die Tatbestandsvoraussetzungen der Freiheitsberaubung nach § 239 StGB und bergen ein erhebliches Haftungsrisiko für den Betreuer.[95]

- Im Jahre 2000 wurden knapp 90 000 Unterbringungen nach § 1906 BGB vollzogen.[96]
- Die diagnostische Verteilung der nach BGB untergebrachten Patienten am Beispiel der psy-chiatrischen Abtl. der Klinik Neukölln:

  30% Schizophrenien, 35% akute Belastungsreaktionen und Neurosen, 48,5% Alkohol- und/oder Drogenprobleme, Doppeldiagnosen, i.d.R. schizophrene Patienten mit erheblichem Drogenmissbrauch 4,8%.[97]

---

[94] vgl. JÜRGENS/KRÖGER/MARSCHNER/WINTERSTEIN, S. 214, Rz 493
[95] vgl. DEINERT/LÜTGENS/MEIER 2004, Die Haftung des Betreuers.
[96] JÜRGENS/KRÖGER/MARSCHNER/WINTERSTEIN, S. 210, Rz 488
[97] FÄHNDRICH. BtPrax 3/96, S.79

In der Praxis sind Unterbringungen häufig voraussehbar. Dann kann der Betreuer den Antrag auf Unterbringung beim Vormundschaftsgericht stellen und die Unterbringung im Vorfeld genehmigen lassen. Ist erheblicher Widerstand des Betroffenen zu erwarten, kann die Betreuungsbehörde um Unterstützung bei der Zuführung zur Unterbringung gebeten werden. Die Betreuungsbehörde ist auf der Grundlage des *öffentlichen Rechts* auch befugt, die Polizei zur Unterstützung anzufordern, falls Gewaltanwendung vorauszusehen oder tatsächlich erforderlich ist.

Ist Gefahr im Verzug- nämlich akut, konkret und erheblich („Eilverfahren"), so ist es ebenfalls ratsam, die Unterstützung von Betreuungsbehörde und ggf. Polizei anzufordern. Wegen der konkreten Gefahrensituation darf die Unterbringung hier ohne Genehmigung durchgeführt werden; diese ist jedoch unverzüglich nachzureichen.

Frau R. lehnt ihre Betreuerin vehement ab und verweigert jede Zusammenarbeit. Die Betreuerin hat bereits *rechtliche* Angelegenheiten erledigt, etwa Antrag auf Mehrbedarf, Pflegegeld, Behandlungspflege, Wohngeld, Feststellung der Schwerbehinderung etc. sowie *tatsächliche* Angelegenheiten, etwa Beauftragung der Sozialstation zwecks tägl. Insulininjektion, Haushaltshilfe etc. Bei den Hausbesuchen ist Kommunikation nur über den Ehemann möglich. Eines Tages ruft der Ehemann die Betreuerin an und berichtet, nach dem Genuss von Torte, Eis und Cola zeige das BZ-Messgerät keinen Wert mehr an und seine Frau sei so komisch. Bei Erwähnung des Krankenhauses schlage sie um sich. Die Betreuerin veranlasst die sofortige Unterbringung der Betroffenen und reicht den Beschluss zur Genehmigung nach.

Wahrgenommen wurde hier „fürsorglicher Zwang".[98] Aufgabe der Betreuerin war auch, die jeweiligen Rahmenbedingungen zu organisieren.

Abschließend noch die Rechtslage zum geplanten Suizid, der „verhindert werden muss":

Grundsätzlich ist der Suizid in freier Willensbestimmung erlaubt. Gemeint ist hier eine wirklich freiverantwortliche Selbsttötung, ein sogenannter „Bilanzsuizid".[99]

Fraglich ist, ob der Zustand vor Suizid die freie Willensbestimmung nicht ausschließt.

Unterbringungsrechtlich müssen konkrete und nachprüfbare Anhaltspunkte für eine akute Suizidgefahr *infolge* einer psychischen Erkrankung oder Behinderung vorliegen.

Der in freier Willensbestimmung vorgenommene Suizidversuch rechtfertigt *keine* Unterbringung nach dem Betreuungsrecht.[100] Eingeräumt wird hier, dass „Abgrenzungsschwierigkeiten auf der Hand liegen".[101]

---

[98] JÜRGENS/KRÖGER/MARSCHNER/WINTERSTEIN 2002, S.224 Rz.513, Fußnote 79: VON EICKEN u.a., Fürsorglicher Zwang; zur aktuellen Situation Klie, BtPrax 10/98, S.50

Ist die Selbsttötung nicht freiverantwortlich, kommt selbst im Falle reiner Untätigkeit eines Dritten eine Strafbarkeit in Betracht i.S. von unterlassener Hilfeleistung. Sofern der Dritte eine Garantenstellung innehat- für den rechtlichen Betreuer ist dies zu bejahen[102]- „wäre er aufgrund eines Tötungsdelikts (§§ 211, 212 oder 222 StGB) durch Unterlassen strafbar.[103]

In der überwiegenden Mehrheit der (versuchten) Selbsttötungen handele es sich um krankheitsbedingte Handlungen bzw. einen „Hilfeschrei", so dass im Zweifel von einem nicht freiverantwortlichen Geschehen und somit von einer entsprechenden Hilfspflicht auszugehen ist.[104]

Dies trifft zweifellos auf das hier vorgestellte Klientel zu. Abzuleiten ist deshalb, dass der Betreuer intervenieren muss, um die Gefahr für den Betroffenen abzuwenden.
Eindeutig handelt es sich hier um die schärfste Form der Krisenintervention, mit der Betreuer konfrontiert werden.

Aus der Praxis: Im Verlaufe einer Zwangsunterbringung reagiert der Betroffene oft verständnislos und panisch - möglicherweise dringt Polizei in seine Wohnung ein, ein Richter will sich mit ihm unterhalten, vor der Tür wartet ein Krankenwagen. Dieser aus Sicht des Betroffenen „brutale Vorgang" kann das Verhältnis zum Betreuer belasten und zu einem andauernden und irreparablen Bruch führen, möglicherweise sogar zu posttraumatischen Folgen. Von Bedeutung ist deshalb, einige Regeln zu beachten. Wichtig ist, bei dem gesamtem Ablauf der Unterbringung als vertrauter Mensch dabei zu bleiben und auch darüber hinaus in der Einrichtung noch eine zeitlang „Fels in der Brandung" zu sein, bis die Situation deeskaliert ist. In der Klinik sind- neben den Aufnahmegesprächen- immer noch andere, an den Bedürfnissen des Betroffenen orientierte Dinge zu regeln. Nachbereitet werden kann das Ereignis zu einem späteren Zeitpunkt.
Erfahrungsgemäß bewirkt das gemeinsame Durchlaufen einer solch akuten- notwendigen!- Krisensituation letzten Endes mehr Vertrauen als Misstrauen, schafft eher Verbindung, als dass es trennt.

Die *öffentlich-.rechtliche Unterbringung nach PsychKG* ist für den Betreuer die Ausnahme. Sie dient der unbedingten Krisenintervention bei Gefahrenabwehr. Hier steht die Fremdge-

---

[99] DEINERT/LÜTGENS/MEIER 2004. S.38

[100] vgl. JÜRGENS/KRÖGER/MARSCHNER/WINTERSTEIN, S. 218, Rz 502, Fußnote 47: BayObLG FamRZ 1993,600

[101] ebenso, Rz 502

[102] vgl.DEINERT/LÜTGENS/MEIER (2004), S. 38, Fußnote 51: COEPPICUS, Sachfragen des Betreuungs- und Unterbringungsrechts, S. 147

[103] DEINERT/LÜTGENS/MEIER (2004), S. 38

[104] vgl. DEINERT/LÜTGENS/MEIER S.38

fährdung im Vordergrund. Zuständig für die Durchführung der Unterbringung sind die Ord-
nungsbehörden, ggf. ist es Aufgabe des Betreuers, diese zu informieren.

Nach GUY sind freiheitsentziehende Maßnahmen unter betreuungs-, unterbringungs- und
strafrechtlichen Gesichtspunkten relevant.[105]

2.3.7. Rechtliche Aspekte

Für den gesetzlichen Betreuer ist es unabdingbar, umfassende rechtliche Kenntnisse auch im
Bereich der Heilbehandlung zu haben. Die Folgen pflichtwidrige Handelns (auch aus Unwis-
senheit!) können sein: Schadensersatzpflicht ggü. dem Betroffenen bis hin zur strafrechtlichen
Verfolgung.

2.3.7.1. Zivilrechtliche Konsequenzen psychischer Erkrankung

Grundsätzlich ist der psychisch Kranke rechtsfähig und somit parteifähig. Die Prozessfähig-
keit ist abhängig von der Geschäftsfähigkeit. Bei Geschäftsunfähigkeit ist hier die gesetzliche
Vertretung erforderlich.

Im Zustand der *natürlichen Geschäftsfähigkeit* nach §§ 102, 104 BGB befindet sich der
Betroffene, wenn die Willensbildung und -umsetzung infolge krankheitsbedingter massiver
Einschränkung der intellektuellen Kapazität derart reduziert ist, dass der Geisteszustand
vergleichbar ist mit dem eines- geschäftsunfähigen!- Kindes. Verträge, die in dieser Verfassung abgeschlossen wurden, sind als nichtig zu qualifizieren. Der Betroffene scheidet quasi
aus dem Rechtsverkehr aus.

Die *partielle Geschäftsunfähigkeit* kann typischerweise etwa bei Wahnerkrankungen („Eifersuchtswahn, Querulantenwahn") auftreten. Während eines akuten psychotischen Erlebens
befindet sich der Betroffene im Zustand der Geschäftsunfähigkeit, hat jedoch außerhalb dieser
psychotischen Episoden keine oder weniger intellektuelle Einschränkungen, so dass er in
diesen „Inseln der Klarheit"[106] durchaus geschäftsfähig ist. Dies kann rechtlich von erheblicher Relevanz sein und ist in der Praxis schwierig zu beweisen, zumal die Beweispflicht beim

---

[105] vgl. GUY. Freiheitsentziehende Maßnahmen nach §1906 Abs. 4 BGB. Verfahren, Handlungskonzepte und
Alternativen. BtPrax 6/ 05, S.214
[106] HASSEMER, Ev. Fachhochschule Ludwigshafen

Betroffenen (bzw. dem gesetzlichen Vertreter) liegt. Willenserklärungen können hier etwa betreffen: Patientenverfügung, Behandlungsvertrag, Eheschließung, Testierfähigkeit.

2.3.7.2.   Strafrechtliche Konsequenzen psychischer Erkrankung

Hervorgehoben werden hier:

- Schuldunfähigkeit wegen seelischer Störungen § 20 StGB

- Verminderte Schuldfähigkeit § 21 StGB

- Forensische Unterbringung § 63 StGB

2.3.7.3.   Recht der Heilbehandlung

Grundsätzlich erfüllt jeder Eingriff in die Integrität des Betroffenen den Tatbestand der Körperverletzung. Notwendig ist daher stets die wirksame Einwilligung des Betroffenen, ggf. des gesetzlichen Vertreters, als Voraussetzung für den Eingriff. Grundsätzlich gilt:

„Das Selbstbestimmungsrecht ist in der deutschen Rechtsordnung allgemein anerkannt. Im Rahmen der Werteordnung des Grundgesetzes kann jeder Patient aufgrund seiner Menschenwürde und seines Persönlichkeitsrechts und das, was mit ihm geschieht, selbst bestimmen."[107] Hieraus lässt sich ein Selbstbestimmungsrecht vor ärztlichen Heilauftrag ableiten.

Deshalb benötigt der behandelnde Arzt, außer in Notfällen zur Lebensrettung, grundsätzlich eine rechtsverbindliche Einwilligung des Patienten.[108] Hierbei handelt es sich um die Fähigkeit, wirksam in ärztliche Maßnahmen einzuwilligen, die in Art, Bedeutung und Tragweite der Maßnahme, nach entsprechender Aufklärung, erfasst werden können, um den Willen hiernach zu bestimmen. An die Geschäftsfähigkeit ist die Entscheidungsfähigkeit somit nicht gebunden. Definiert werden soll hier zunächst das Merkmal der *Einwilligungsfähigkeit*.

Die Klärung dieses Begriffs ist deshalb von großer Relevanz, weil bei den von rechtlicher Betreuung Betroffenen immer auch mit Grenzfällen gerechnet werden muss, die der sorgfältigsten Abklärung bedürfen.

Es ist Sache des Arztes, die Einwilligungsfähigkeit zu prüfen. Diese zu beurteilen, ist nicht einfach. Als Kriterien zur *Einwilligungsunfähigkeit* von psychiatrischer Seite werden hier beispielsweise genannt[109]:

---

[107] BGHZ 29,176,(181), in: BÜHLER/KREN/STOLZ(2006) S. 111

[108] vgl. BÜHLER/KREN/STOLZ (2006)

[109] vgl.BÜHLER/KREN/STOLZ (2006) S. 13

- Wenn ein Patient sich so verhält, als könne er eine Wahlmöglichkeit nicht nutzen (Etwa bei manischer Erregung oder depressivem Stupor)
- Wenn der Patient die gegebene Information nicht wirklich versteht, also sie nicht richtig wiedergeben kann (etwa im Rahmen demenzieller Zustände)
- Wenn der Patient verstandene Informationen für realitätsbezogene, vernünftige und angemessene Entscheidungen nicht zu nutzen vermag (Wahn, Halluzinationen, schweren formalen Denkstörungen, exzessiver Abhängigkeit)
- Wenn der Patient keine wirkliche Einsicht in die Natur seiner Situation und seiner Krankheit hat (z. B wahnhafte Realitätsverzerrung, bei Einschränkung abstrakten Denkens)

Bei Einwilligungsunfähigkeit muss der Arzt die Einwilligung eines Stellvertreters- hier: des gesetzlichen Betreuers- nach umfassender ärztlicher Aufklärung einholen.

Dies setzt voraus, dass weder Patientenverfügung noch Vollmacht vorliegen.

Ebenfalls schließt eine zuvor vom Betroffenen geäußerte wirksame Willenserklärung eine davon abweichende Entscheidung des Betreuers aus. („Niemals eine PEG-Sonde!")

Bei Uneinigkeit zwischen Arzt und Betreuer kann das Vormundschaftsgericht angerufen werden, um ggf. eine Eilentscheidung zu treffen.

Zwangsmaßnahmen bei Einwilligungsunfähigkeit des Betroffenen bedürfen grundsätzlich der Genehmigung durch das Vormundschaftsgericht.[110]

2.4. Betreuung als Beruf

2.4.1. Voraussetzungen

Der Beruf des rechtlichen Betreuers ist ein Freier Beruf. Es existiert bisher keine offizielle Berufsbezeichnung. Der Begriff *„Rechtliche Betreuungen"(BGB),* etwa auf Büroschild oder Briefkopf, ist zulässig.[111]

Aus der Praxis: Der Begriff der Betreuung ist misslich und sorgt allgemein für Verwirrung. Assoziert wird mit Betreuung etwa Pflege oder tatsächliche Fürsorgeleistungen, mitunter wird unter „Berufsbetreuung" gar die Mitarbeit bei der Agentur für Arbeit verstanden. Günstig wäre m.E. eine Berufsbezeichnung in Richtung Sozialmanagement.

---

[110] Im wesentlichen HASSEMER, Vorlesungen Studienschwerpunkte *Psychisch Kranke und Behinderte* sowie *Betreuung und soziales Training*, Sommersemester 2006, Ev. Fachhochschule Ludwigshafen

[111] LG Gera, Az.: 1 S 17/05, Urteil vom 31.08.2005. in: *bdb* aspekte Nr.57/ 05, S.17 „Tätigkeitsbezeichnung „Rechtliche Betreuungen", Kay Lütgens

Obwohl geregelte Voraussetzungen fehlen- in § 1897 BGB heißt es schlicht, dass der Betreu-er geeignet sein soll, die Angelegenheiten des Betroffenen zu dessen Wohl rechtlich zu besor-gen und ihn im hierfür persönlichen Umfang zu betreuen- sind die tatsächlichen Anforderun-gen an Berufsbetreuer im Allgemeinen hoch. Mindestanforderung ist eine abgeschlossene Ausbildung in einem für Betreuungen relevanten Beruf. Die meisten Berufsbetreuer sind Sozialarbeiter, Sozialpädagogen oder Juristen. Ein einwandfreier Leumund wird grundsätzlich überprüft. Der Sozialarbeiter/ Sozialpädagoge wird aufgrund seiner Ausbildung als freiberuf-licher Berufsbetreuer favorisiert.[112]

Der rechtliche Betreuer handelt eigenverantwortlich, jedoch, so MEIER, „unterliegt dessen Amtsführung einer umfassenden gerichtlichen Aufsicht, die sich auf alle Tätigkeitsbereiche in der Betreuung erstreckt."[113], [114]

Nach POLKE ist Betreuung einerseits ein Begriff, der „eng mit der Justiz verknüpft ist und andererseits eine große Palette der psychosozialen Bereiche streift".[115]

Diese Definition erscheint mir sehr passend und begründet m.E. auch, weshalb die Berufsaus-übung bei persönlicher Eignung von Juristen als auch von Sozialarbeitern/ Sozialpädagogen professionell wahrgenommen wird.

2.4.2. Anforderungsprofil an den Berufsbetreuer

Grundlage für die Ausführungen der Qualitätsstandards sind die Ausführungen von EICH-LER in der von ihr erstellten Diplomarbeit *Qualitätsstandards in der gesetzlichen Betreu-ung.*[116], [117], [118]

Grundsätzlich bedarf die Betreuungsarbeit zu ihrer wirksamen Ausgestaltung ständiger juris-tischer und sozialarbeitswissenschaftlicher Bemühungen.[119]

---

[112] vgl. BtPrax 2/96, S.58

[113] MEIER. BtPrax 2/ 06, S. 54,

[114] vgl. auch HARM. BtPrax 2/ 06, S. 48

[115] POLKE.BtPrax 3/ 04, M9

[116] 2001, Deutscher Verein für öffentliche und private Fürsorge, Eigenverlag, Frankfurt, Nr. 49

[117] EICHLER , BtPrax 1/ 01:3 sowie 2/01

[118] BIENWALD. Notwendige Kenntnisse zur Führung rechtlicher Betreuungen. BtPrax 4/ 00, S.155

[119] vgl.BtPrax 4/99, S.124. Leitlinien zur rechts- und sozialpolitischen Diskussion um die Weiterentwicklung des Betreuungsrechts, S.123-126. Vormundschaftsgerichtstag e.V.

Voraussetzung zur Berufsausübung sind persönliche und fachliche Schlüsselqualifikationen zur kompetenten Gestaltung komplexer Beratungs- und Unterstützungsprozesse. Hierauf wird nachfolgend näher eingegangen.

2.4.2.1. Persönliche Kompetenzen[120]

Der Kern der Arbeit ist eine an ethischen Richtlinien orientierte Gestaltung der Beziehungsebene. Soziale Kompetenzen des Betreuers werden hier als selbstverständlich vorausgesetzt. Hervorgehoben werden:

- Humanistisches Menschenbild
- Lebenserfahrung/ Persönliche Reife
- Kontaktfreudigkeit
- Belastbarkeit
- Hohe Frustrationstoleranz
- Kritikfähigkeit
- Genauigkeit
- Bereitschaft zur Solidarität
- Zivilcourage
- Fähigkeit zur Reflektion

2.4.2.2. Inhaltliche Qualitätsanforderungen

- Fachkenntnisse im juristischen, medizinischen, sozialpädagogischen, sozialpsychologischen betriebswirtschaftlichen und soziologischem Bereich
- Geeignetes Kommunikationsverhalten und entsprechende -techniken

2.4.2.3. Strukturelle Qualitätsanforderungen

- Fallzahl: Muss professionelles Arbeiten sowie persönliche Betreuung
- gewährleisten
- Kenntnis der komplexen Versorgungsstruktur

---

[120] vgl. (BIENWALD) (94) §1897 Rz.24 BGB / in: Diplomarbeit Sabine EICHLER, S. 67

- Büroorganisation (Moderne Verwaltung)

- Datenschutz sicherstellen

- Transparente Dokumentation

- Garantierte Erreichbarkeit

- Vertretungsregelung

- Möglichkeit zur Reflexion/ Supervision

- Bereitschaft zur Fortbildung[121]

- Versicherungsschutz

- Möglichst Mitgliedschaft in einem Berufsverband[122]

2.4.3. Professionsbegriff

„Den Profi" gibt es nicht. Im Rahmen eines Betreuungsverhältnisses geht es immer auch um Beziehungsarbeit. Persönlichkeitsmerkmale des Betreuers und dessen Einstellungen und Überzeugungen treffen auf Persönlichkeitsmerkmale des Betreuten und dessen Einstellungen und Überzeugungen. „Die Konfrontation mit den affektgeladenen Lebensthemen der Klienten, ihre Konflikte und Kränkungen zwischen Hoffnungen und Versagungen, Abhängigkeit und Autonomie etc. berührt in der Einfühlung immer auch die eigenen Lebensthemen, Konflikte und Kränkungen."[123]

So bringt jeder Versuch, andere zu verstehen, also die Möglichkeit mit sich, dass das eigene psychische Gleichgewicht labilisiert wird.[124]

Neben fundiertem Fachwissen ist Erfahrungswissen unerlässlich (der b*db* propagiert deshalb für ein Mindestalter von 30 Lebensjahren) sowie ethische Urteilsfähigkeit.

Weiter auch hermeneutisches Fallverstehen, also die Fähigkeit des *Sinnverstehens* des konkreten Einzelfalles in seiner Besonderheit.[125]

Und schließlich: Die Entwicklung persönlicher Sicherheit, selbstreflexive und selbstanalytische Fähigkeiten sowie psychische Stabilität.

---

[121] siehe auch DEINERT. Zur Qualität der Weiterbildung von Betreuern. BtPrax 2/ 06,S.58

[122] vgl. auch ZANDER. Elemente einer Qualitätsdiskussion im Betreuungswesen- zum Stand der Diskussion. BtPrax 2/ 06, S.50

[123] BOCK/ WEIGAND 2002(Hg), KITZIG, S.498

[124] vgl. BOCK/WEIGAND 2002, KITZIG, S. 498, Verweis auf H. BECKER 1991, S. 150

[125] vgl. BOCK/WEIGAND 2002, S. 501, siehe hierzu auch GILDEMEISTER „Kunst des Fallverstehens"

Aus der Praxis: Der Berufsbetreuer ist „Einzelkämpfer." Möglicherweise arbeitet er in einer Bürogemeinschaft und hat somit die Gelegenheit zum selbstverständlichen Austausch mit den Kollegen. Die meisten Betreuer jedoch arbeiten vollkommen selbständig, und die komplexen Problembereiche innerhalb der professionellen Beziehungsgestaltungen, verbunden mit permanenten Entscheidungsfindungen und der hohen Last einer ständigen Verantwortung bedürfen dringend des kollegialen Austauschs, beispielsweise bei Betreuerstammtischen etc.. Dies ersetzt jedoch nicht die fachliche Supervision, die unbedingt- möglichst im Kollegenkreis- organisiert und regelmäßig wahrgenommen werden sollte.

Über die Notwendigkeit professionellen Handelns dürfte es keine Diskussionen geben.
Nur- wie wird Professionalität gemessen?

Eine Erhebungsmöglichkeit erscheint die Orientierung an

- einem methodischem Konzept
- einer sozialarbeiterischen Theorie

Vorgestellt wird als methodisches Konzept das *Case-Management*. Als sozialarbeiterische Theorie wurde die *Lebensweltorientierung* ausgewählt.

2.4.3.1. Methode des „Case-Managements"

„Das Hin und Her unserer Überlegungen richtet sich nicht auf das Ziel, sondern auf die Wege zum Ziel". Aristoteles[126]

Case, lat: casus, gleich: Fall. Im sozialarbeiterischen Terminus ist damit gemeint der komplexe klientenbezogene Prozessverlauf, in dem neben Defizitherausstellungen auch intakte Bewältigungsmuster herausgearbeitet werden.
So ist „der Fall" quasi als eine „Systemganzheit" zu sehen.[127]
Das professionelle Handeln bewährt sich im Fallbezug einerseits auf der Grundlage wissenschaftlichen „Experten"- Wissens, zum andern in der besonderen hermeneutischen Kompetenz des Fallverstehens. (Oevermann 1981)[128].

---

[126] ARISTOTELES; Nikomanische Ethik III. Buch 5. Kapitel, 1112 b., in: MAY. BtPrax 2/02, S. 68
[127] vgl. Fachlexikon der sozialen Arbeit, 4.Auflage 1997, Frankfurt, Deutscher Verein für öffentliche und private Fürsorge.S.309-310
[128] GILDEMEISTER, Kunstlehren des Fallverstehens als Grundlage der Professionalisierung sozialer Arbeit? S.27, Vorlesungsscript 12.05.03, 2. Semester EFH Studiengang Soziale Arbeit Ludwigshafen

Fallbearbeitung aus sozialarbeiterischer Sicht hat die lebenspraktische Autonomie der Adressaten zum Ziel, ist sehr oft ein Handeln im Alltag der Problembetroffenen, welche üblicherweise Defizite in der Lebensführung vorzuweisen haben.

Effiziente Arbeit ist nur mit einer Leitidee und einem methodischen Konzept im Hintergrund möglich. Einen konzeptionellen Ansatz für Soziale Arbeit stellt das *Cas—Management* dar.

Diese Methode hat sich als sehr relevant für die Organisation der rechtlichen Betreuungsarbeit erwiesen, denn die Tätigkeiten der Betreuer sind eingebettet in eine komplexe psychosoziale Versorgungslandschaft.[129]

Psychosoziale Versorgungslandschaft

Gerichte
Richter
Rechtspfleger

Betreuungs-
behörde

Betreuungs-
vereine

Krankenhäuser

Allgemeiner
Sozialdienst

Heime

Klient

Übergangs-
einrichtungen

Sozial-
psychiatrische
Dienste

**gesetzliche
Betreuer**

Werkstätten
für Behinderte

Sucht-
beratungsstellen

Tagesstätten

Schuldner-
beratungsstellen

private
Hilfsdienste

Wohnungslosenhilfe

Angehörige

Altenberatung

Sozialstationen

Vergleichbar mit einem Manager, organisiert und koordiniert dieser, als „anwaltlicher" Vertreter und Berater des Betreuten die vielfältigen Hilfen unter Berücksichtigung des Willens und der Wünsche des Betroffenen. Der Betreuer muss delegieren, denn für die tatsächliche

---

[129] vgl. ANGER. BtPrax 4/94, S. 131

Ausführung der notwendigen Unterstützungsleistungen ist er nicht zuständig; jedoch ist er letztendlich verantwortlich für ein gelingendes Zusammenspiel der unterschiedlichen Maßnahmen.[130]

Case-Management ist ein ganzheitlicher Arbeitsansatz, der alle sozialen, wirtschaftlichen und gesundheitlichen Aspekte eines Klienten berücksichtigt und geeignete Hilfsmaßnahmen organisiert und steuert. Case-Management basiert auf der Erkenntnis, dass (unterschiedlichste) Hilfen in einer Hand zusammenlaufen müssen, um nachhaltig und effektiv wirken zu können.

Um ein solches ganzheitliches Hilfekonzept realisieren zu können, ist die konstruktive und kooperative Zusammenarbeit aller Beteiligten zwingend notwendig.

Der nach diesem Konzept arbeitende Betreuer steuert die Beratungs- und Unterstützungsleistungen, gewährleistet Transparenz und Überprüfbarkeit von Arbeitsweisen und thematisiert Zielerreichung, Wirkung und Kosten-Nutzen-Verhältnis.[131] Gleichsam als „fließender Prozess", passt sich die Gestaltung des Case-Managements gewissermaßen den Bedürfnissen des Klienten an.

Case-Management, so NEUFFER, "gewährleistet durch eine durchgängige fallverantwortliche Beziehungs- und Koordinierungsarbeit Klärungshilfe, Beratung und den Zugang zu notwendigen Dienstleistungen. Case-Management befähigt die KlientInnen, Unterstützungsleistungen selbständig zu nutzen und greift so wenig wie möglich in die Lebenswelt von KlientInnen ein."[132]

Unbedingt ist der Grundsatz zu beachten, keinesfalls am Klienten „vorbei" zu organisieren, sondern diesen zu befähigen, die Unterstützungsleistungen selbständig zu nutzen.[133]

Trotz aller erkennbaren Vorteile dieser Methode muss m. E. dennoch kritisch reflektiert werden, dass die Soziale Arbeit, auch innerhalb des Bundesverbandes der BerufsbetreuerInnen e.V (*bdb),* derzeit den Qualitätsstandards generell ein zu hohes Gewicht einräumt, während das „Innenverhältnis" zum Betroffenen im gegenwärtigen Diskurs eher zu wenig Würdigung erfährt.

Der Sozialwissenschaftler MAY hat es pointiert[134]:

---

[130] vgl. SCHRUTH u.a. (2003), S.30

[131] vgl. BtPrax 3/ 2004 S.87, sowie: BtPrax 1/95, S.5

[132] NEUFFER 2002, S.19.

[133] vgl. RODER .BtPrax 3/ 04, S.87

[134] MAY, FH Wiesbaden, Fachrichtung Erziehungswissenschaft, Gastdozent in der Evangelischen Fachhochschule Ludwigshafen, „Ringvorlesung" der Themenbereiche I und II, 8. Semester Studiengang Soziale Arbeit, am 09.06.2006

In Anlehnung an „Produktionsprozesse des Sozialen" fordert er ein „lebendiges Beziehungs-arbeitsvermögen" als Voraussetzung der Arbeit mit dem Klienten, bezeichnet Programme und Methoden wie „Case-Management" als „tote Arbeit", welche nur innerhalb einer gelingenden Beziehungsgestaltung etwas bewirken können.

Er warnt davor, dass die „tote Arbeit" die Überhand gewinnt, und die an den Bedürfnissen des Klienten orientierte Beziehungsgestaltung in den Hintergrund gerät.[135]

Zusammenfassend lässt sich festhalten, dass die Fähigkeit zu einer gelungenen Beziehungs-gestaltung erst die Voraussetzung dafür ist, professionelle „Techniken" einzusetzen.

Professionalität hat im übrigen auch ganz entscheidende, „nicht messbare" Facetten: Beispielsweise die unbedingte Solidarität mit dem Betroffenen, „Lobby sein" für eine ausge-grenzte Personengruppe, oder etwa die Fähigkeit, selbstbewusst und couragiert auch risikorei-che Entscheidungen mit ungewissem Ausgang zu verantworten oder mittragen zu können.

STAUB-BERNASCONI verzichtet auf umständliche Definitionen und bezeichnet Soziale Arbeit schlicht als *Menschenrechtsprofession.*[136]

2.4.3.2. Theorie: Lebensweltorientierung

„Nicht, was wir erleben, sondern wie wir empfinden, was wir erleben, macht unser Schicksal aus" Marie von Ebner-Eschenbach

[137]Alltägliche Lebensführung verlangt viel. Für psychisch kranke Menschen, deren Lebens-gestaltung durch einen gravierenden Mangel an Ressourcen bestimmt ist, oft viel zuviel. Infolgedessen kommen sie häufig mit ihrer Lebensführung nicht zurecht, oder die Gesell-schaft nimmt Anstoß daran. Dies ist häufig der Anlass für Interventionen sozialer Arbeit.

Bezugnehmend auf die Situation der betreuten Menschen, deren Lebenswelt nicht üblicher-weise nicht nur von Krankheit, sondern zusätzlich auch von Armut geprägt, findet sich eine zutreffende Textpassage in der Schrift der Bundesregierung, *Lebenslagen in Deutschland*[138],

---

[135] MAY Michael, FH Wiesbaden, Fachrichtung Erziehungswissenschaft

[136] STAUB-BERNASCONI, Soziale Arbeit als (eine) Menschenrechtsprofession

[137] Text im Wesentlichen zusammengefasst aus: SCHUBERT Franz-Christian (1994) „Lebensweltorientierte Sozialarbeit- Grundpostulate, Selbstverständnis und Handlungsperspektiven. In: (Vgl. *W. Klüsche* (Hrsg.): Professionelle Identitäten in der Sozialarbeit/ Sozialpädagogik, F.C. Schubert Verlag, Schriften des Fachbe-reichs Sozialwesen FHS Niederrhein Mönchengladbach

[138] S.137

„Personen, deren Handlungsspielräume in gravierender Weise und längerfristig begrenzt sind, sind in der Sicherung ihrer Grundbedürfnisse gefährdet und auch in ihren gesellschaftlichen Teilhabemöglichkeiten eingeschränkt. Das Phänomen sozialer Ausgrenzung droht sich dann zu verfestigen. Das Ergebnis der Verfestigung von Armut im Lebenslauf und der Mehrfachbetroffenheit durch Problemlagen wie etwa Langzeitarbeitslosigkeit, Einkommensarmut, Wohnungslosigkeit, Drogen- bzw. Suchtmittelmissbrauch und Delinquenz sowie gesundheitliche Einschränkungen charakterisieren extreme Armut.

Prägend für diese Situation ist, dass Menschen in extremer Armut zur Bewältigung von Krisensituationen durch die Hilfeangebote des Sozialstaates nur noch sehr eingeschränkt bzw. nicht mehr erreicht werden können. Sie sind dann nur noch über aufsuchende niedrigschwellige Maßnahmen anzusprechen."

Der Begriff der Lebenswelt leitet sich ab von einer durch HUSSERL (1954) begründeten philosophische Grundlagentheorie. Etabliert hat sich diese Bezeichnung in der sozialen Arbeit und meint damit den typischen, alltäglich immer wiederkehrenden Erfahrungshorizont, innerhalb dessen die Menschen sich selbst, Welt und Leben verstehen und dementsprechend handeln.[139]

Bezeichnet werden also jene Teilbereiche von Welt, in die der Mensch hineingeboren wird und die ihm durch sein Handeln und Denken zugänglich werden, die ihm durch andere, zumeist sozialrelevanten Bezugspersonen ausgewählt bzw. zugänglich gemacht wurde.[140] Der Mensch, so GROHALL, "übernimmt durch die Sozialisation die Werte seiner Geburtskultur und macht sie sich unbewusst zu eigen, verinnerlicht sie, wie er auch die Sprache und damit das Denken übernimmt.[141]

Diese Erfahrungen manifestieren sich bewußtseinsmäßig quasi in einem „Denkschema" und werden unter Rückgriff auf Vorerfahrungen und die affektive Intensität *bewertet*. Signifikante Erfahrungen führen zur Konstruktion von Wirklichkeitsvorstellung, mit einem fein abgestimmten Verhaltensrepertoire.

Die Welt wird somit individuell „passend" gemacht, sie ist nie objektiv sondern entspricht immer subjektiven Kategorien, ist „Erlebnis- und Sinnprovinz".[142]

Aus der Praxis: Der Lebenswelt als abstraktes Konstrukt tolerant gegenüberzustehen ist nicht allzu schwierig. Spätestens jedoch beim ersten Hausbesuch holt einen die Wirklichkeit des Betroffenen unmittelbar ein. Da wird vielleicht Kaffee aus völlig verschmutzten Tassen angeboten. Möglicherweise sitzen zahme Ratten neben einem auf dem Sofa. Oder der Ammoniakgeruch der vielen verdreckten Katzenklos im Raum nimmt einem den Atem und setzt sich in jeder Kleiderfaser fest.

---

[139] SCHUBERT S.167 in: Klüsche (Hrsg)
[140] SCHUBERT S. 173
[141] GROHAL. BtPrax 1/02 , S.13.
[142] SCHUBERT S.178

Praxisrelevant ist eine lebensweltorientierte soziale Arbeit deshalb, weil mit der systematischen Hinwendung zum Alltagsgeschehen des Menschen die Möglichkeit besteht, sich dessen Leben und somit seinem „Denkschema" zu nähern und dieses konkreter erfassen zu können. („Fallverstehen")

Lebensweltorientierung zielt auf alltägliche Handlungskompetenz, auf Förderung der Lebenspraxis, auf Aktivierung der Betroffenen und auf Selbstorganisation.[143]

Der gesellschaftliche Aspekt ist unbedingt in lebensweltliche Betrachtungen mit einzubeziehen, da sich individuelle Leben und Erleben stets innerhalb gesellschaftlicher Rahmenbedingungen abspielen. Diese prägen die Lebenswelt, bereichern oder begrenzen diese.

In den zentralen Erfahrungsräumen der Lebenswelt Chancen der *Teilhabe* wahrnehmen zu können, ist Voraussetzung des sozialen Zusammenhalts. Eine sozial gerechte Gesellschaft braucht für ihren Zusammenhalt die aktive, freiwillige und verantwortliche Teilhabe ihrer Bürgerinnen und Bürger. Der soziale Zusammenhalt wird nicht nur gewährleistet durch den Zugang zum Erwerbsleben und ausreichende Absicherung des sozio-kulturellen Existenzminimums, er wird auch entscheidend bestimmt durch gesellschaftliche Teilhabe und den Zugang zu den entsprechenden Grundrechten und öffentlichen Gütern. In welchem Umfang Menschen die gesellschaftlichen Verhältnisse in ihrer Umgebung mit beeinflussen können, hängt einerseits von ihrer Gestaltungsfähigkeit und Lebensführung ab, und beeinflusst andererseits ihre Teilhabe- und Verwirklichungschancen.[144]

Praxisrelevant ist hier die Hinwendung zum ressourcenorientierten Arbeiten im gesamten Umfeld der Betroffenen: Ressourcen in der Lebenswelt finden sich möglicherweise im persönlichen, familiären, sozioökologischen, sozioökonomischem oder institutionellen Bereich. Praktisch kann das so aussehen, dass Zielgruppen- und symptomangemessene, gemeindenahe Angebote der frühen Hilfe den Betroffenen trotz seiner Erkrankung in seiner Lebenswelt belassen können.[145] Dies entspricht dem Grundsatz „Ambulant vor stationär" und kann die kontinuierliche gesellschaftliche Teilhabe der Betroffenen sicherstellen- auch eine Form der Existenzsicherung!

Im engeren Rahmen des Themas dieses Buches ist zu bedenken, dass die Lebenswelt der psychisch kranken Menschen vielfach eine ganz spezielle ist. Einerseits ist sie oft konkret

---

[143] vgl. Fachlexikon der sozialen Arbeit, 4. Auflage 1997,S.610, Deutscher Verein für öffentliche und private Fürsorge, Eigenverlag Frankfurt

[144] vgl. Lebenslagen in Deutschland- Zweiter Armuts- und Reichtumsbericht:138

[145] vgl.bdbaspekte 56/ 2005, S.5, Bundesverband der Berufsbetreuer/-Innen e.V., Eigenverlag

eingeschränkt durch fehlende Sozialkontakte und einen geringen Aktionsradius. Andererseits bestimmt das Krankheitserleben, wie die Welt empfunden wird: Die Konstruktion von Wirklichkeitsvorstellungen, deren affektive Bewertung und das davon beeinflusste Handeln kann krankheitsbedingt abweichen vom geltenden gesellschaftlichen Konsens. Die subjektive Erfahrung psychischen Leidens ist für den Betroffenen auch immer „Wirklichkeit", ist seine Lebenswelt.

Unentbehrlich sind hier fundierte psychiatrische Kenntnisse des Betreuers, um den Betroffenen nicht primär als Träger von Symptomen wahrzunehmen, sondern sich in das oft sehr spezifische Empfinden und Erleben des Erkrankten hineinversetzen zu können.

Somit ist das einfühlende Verstehen in die Lebenswelt des Erkrankten noch schwieriger nachzuvollziehen als beim „Gesunden". Anzumerken ist hier, dass der professionelle Helfer das Handeln und die Deutungsmuster des Klienten ohnehin nie ganz verstehen kann, da er durch seine eigenen lebensweltlichen Grenzen beschränkt wird.

Zusammenfassend ist festzuhalten, das lebensweltorientierte soziale Arbeit den Klienten darin unterstützt, sich *seines* Lebens zu bemächtigen.

Diese Form sozialer Arbeit engagiert sich für die Unterstützung primärer Hilfebeziehungen und nimmt generell eine Perspektive ein, die an den subjektiven Sichtweisen, Bedürfnissen und Möglichkeiten der Hilfesuchenden anknüpft. Der Lebensplan des Betroffenen ist quasi „Richtschnur" allen Handelns.

Lebensweltorientierte soziale Arbeit ist, so MANGOLD, „Verteidigung, Aufrechterhaltung und Wiederherstellung von Bedingungen der Subjektivierung."[146]

Hier ist eine deutliche Übereinstimmung zu erkennen mit der *Betonung der Subjektivität* als „zentrale Kategorie" des Betreuungsgesetzes.[147]

Somit ist richtig und sinnvoll, was für den Alltag subjektiv tauglich ist und nicht, was objektiv belegt und begründet ist und gegen die Eigenlogik des Klienten verstößt.

Als „Experte seines Lebens"[148] soll der Betroffene letztlich auch die Verantwortung für seine Entscheidungen - auch unpopuläre - tragen.

---

[146] MANGOLD, Fragmente zu einer Kritik der Sozialen Arbeit .Überarbeitung vom 20.02.2005. Vorlesungsscript „Theorien der Sozialen Arbeit", Studiengang Soziale Arbeit, EFH Ludwigshafen

2.4.3.3.   Professionsethik

Ethische Entscheidungen zu treffen, gehört quasi zum Berufsalltag. Beispiele:

- Ein Betreute verweigert die künstliche Ernährung

- Ein 85jähriger lehnt die Einwilligung zu einer lebenserhaltenden Operation ab

- Ein an Down-Syndrom leidender Betroffenen möchte heiraten und eine Familie gründen

- Eine Betreute vernachlässigt aufgrund ihrer Psychose ihre Kleinkinder und das Jugendamt müsste dringend involviert werden.

Notwendig ist eine „Quelle" ethischer Urteilsfindung. Diese kann beispielsweise entspringen aus:

- Der christlichen Ethik: „Jede Person ist als Geschöpf Gottes einmalig und wertvoll"[149]

- Einem ausgewählten Ethiker, wie etwa *Emanuel Kant* oder *Erich Fromm* („humanistisches Menschenbild")

- Einer „Check-Liste zur ethischen Urteilsfindung" nach *Hans E Tödt.*[150]

- Mit der Moral setzt sich auch der Sozialwissenschaftler *Hans Thiersch* auseinander.
  Er fordert im Bezug auf die *Fallbearbeitung* eine „moralisch inspirierte Kasuistik", d.h: da es „keine eindeutige Form der Entscheidungen geben kann", stehen als Grundlage der Entscheidungen „Prozesse des Abwägens und Vermittelns neben klarer Entschiedenheit, verantwortete Prüfung neben klarer Kompromisslosigkeit."[151]
  Auch hier wird Bezug genommen auf die beiden Ethiker *Fromm* und *Kant.*

Unsere ethische Grundeinstellung prägt unsere Haltung und bestimmt folglich die Einstellung zum Betreuten. Professionelle Handlungen erhalten somit eine durchgängige Orientierung.
Der Betreuer erfährt infolgedessen größere Sicherheit, insbesondere im Konfliktfall, und gewinnt an Authentizität.

Insbesondere bei von Krisen und Existenzgefährdung betroffenen Menschen, um die es in diesem Buch geht, ist ethische Entscheidungsfindung immer wieder von Relevanz.

---

[147] vgl.ROSENOW. BtPrax 6/2005, S.221

[148] Schuldenreport 2006, Band 7, S. 281

[149] GÖTZELMANN, Anthropologie „Zum biblischen Menschenbild", Vorlesungsscript 1. Semester 2002, Studiengang Soziale Arbeit, EFH Ludwigshafen

[150] vgl.TÖDT, Zeitschrift für Evangelische Ethik 21 (1977) S.81-93

[151] THIERSCH 1995, Moral, Gesellschaft, Sozialpolitik- Überlegungen zu einer moralisch inspirierten Kasuistik in der Sozialen Arbeit,S.11, in: Thiersch. Lebenswelt und Moral. Beiträge zu einer moralischen Orientierung Sozialer Arbeit

Denn bei Betreuungsübernahme sind die persönlichen und materiellen Defizite meist sehr erheblich und erfordern oft kurzfristige, umfassende, häufig in das Leben der Betreuten erheblich eingreifende Entscheidungen.

Aber was ist geschehen, *bevor* die Betroffenen in diese Abwärtsspirale hineingeraten sind? Gab es überhaupt Alternativen? Bestimmt die Abstammung das Schicksal auch heute noch, oder ist tatsächlich jeder „seines Glückes Schmied?" Ist jemand grundsätzlich „schuld" an seinem Versagen? Gibt es Übereinstimmungen in gesellschaftlichen und persönlichen Bedingungen und Entwicklungsprozessen, die empirisch erfasst werden können?

Weshalb sind die Betroffenen so häufig psychisch krank *und* arm?

Die Frage nach den Zusammenhängen drängt sich hier auf. Deshalb soll zunächst der Risikofaktor Armut näher betrachtet werden.

3. Risikofaktor Armut

„Armut in Deutschland ist eine Tatsache"[152]

Nach FÄHNDRICH, Chefarzt der Psychiatrischen Abteilung Krankenhaus Neukölln „sind die hervorstechendsten Merkmale der nach BGB untergebrachten Patienten chronische Erkrankung und Armut".[153]

Dieses Phänomen trifft somit auf die Betreuungspraxis uneingeschränkt zu.

Die Aufgabenkreise *Gesundheitsfürsorge* sowie *Vermögenssorge* spielen oft eine gleichermaßen zentrale Rolle bei der Betreuungsführung- insbesondere bei Betreuungsübernahme befinden sich die Betroffenen gesundheitlich wie auch materiell in einer schweren Krise.

3.1. Die Frage nach den Zusammenhängen

Gesellschaftliche Aspekte dürfen nicht ignoriert werden, wenn Zusammenhänge erkannt werden sollen, erkannt werden *müssen*: Denn sozialarbeiterische Intervention der gerechteren Teilhabe der Betroffenen finden immer im gesellschaftlichen Kontext statt.

Da nur das Bewusstsein der Zusammenhänge auch nachhaltig Interventionserfolge verspricht, soll die Fragestellung nach der Verflechtung von Armut und Krankheit näher beleuchtet werden. Schwerwiegende chronische und psychische Erkrankungen korrelieren häufig mit Einschränkungen der Arbeitsproduktivität und Lebensgestaltung.[154] und führen häufig zu einer drastischen Verschlechterung der sozio-ökonomischen Lebenssituation. Möglicherweise war jedoch die Armut mit ihren psychosozialen Folgeerscheinungen für den Betroffenen die Ursache für den Ausbruch seiner psychischen Erkrankung. Fazit: Bestimmte schwere und chronische Erkrankungen treten gehäuft in den unteren sozialen Schichten auf. Es kann eine sich gegenseitig verstärkende *Wechselwirkung* zwischen armutsbedingten sozialen Lebenslagen und der seelischen Erkrankung bestehen.[155]

---

[152] Lebenslagen in Deutschland. Zweiter Armuts- und Reichtumsbericht 2005, S.35
[153] vgl. FÄHNDRICH. BtPrax 3/96, S.79
[154] vgl. Lebenslagen in Deutschland. Zweiter Armuts- und Reichtumsbericht 2005 2005, S.136
[155] vgl. Lebenslagen in Deutschland. Zweiter Armuts- und Reichtumsbericht 2005, S.136

3.2. Definition der Armut

Ergänzend zu den üblichen Definitionen, die sich vorwiegend am materiellen Armutsbegriff orientieren, interpretiert das *Lebenslagekonzept*[156] Armut als „Kumulation von Unterversorgungslagen, u.a. in den Bereichen Wohnen, Bildung, Gesundheit, Arbeit, Arbeitsbedingungen, Einkommen und die Versorgung mit technischer und sozialer Infrastruktur."

Am relevantesten für das in diesem Buch bearbeitete Thema erscheint mir das mehrdimensionale *Konzept der Verwirklichkeitschancen* des Nobelpreisträgers Amartya SEN. SEN versteht unter Verwirklichungschancen „die Möglichkeiten oder umfassenden Fähigkeiten (,,capabilities") von Menschen, ein Leben führen zu können, für das sie sich aus guten Gründen (Anmerkung: Die subjektive Entscheidung für *dieses* Leben ist als hinreichend „guter Grund" zu werten!) entscheiden konnten und das die Grundlagen der Selbstachtung nicht in Frage stellt".[157]

Armut ist somit gleichbedeutend mit einem Mangel an Verwirklichungschancen, als gravierende Einschränkung von Handlungsspielräumen, als Exclusion. SEN betont zudem die Dimension der gesellschaftlichen Werturteile von Armut. Armut lässt sich so als Ungleichheit von Lebensbedingungen und die Ausgrenzung von einem gesellschaftlich akzeptierten Lebensstandard interpretieren.

Der klassische Armutsbegriff unterscheidet zwischen *relativer* Armut (Armutsrisikogrenze / Einkommensarmut) und *absoluter* Armut (die psychische Existenz bedrohend). Als absolut oder extrem arm werden jene Personen bezeichnet, die einen „minimalen Lebensstandard deutlich unterschreiten und nicht in der Lage sind, sich aus eigener Kraft aus dieser Lage herauszubewegen."[158]

3.3. Ursachen und Auswirkungen

Eine Ursache von Armut[159] ist die Zugehörigkeit zur sogenannten Unterschicht.
Die Entwicklungschancen sind üblicherweise deutlich reduziert in der psychomotorischen, emotionalen, geistigen und körperlichen Entwicklung.

---

[156] Lebenslagen in Deutschland. Zweiter Armuts- und Reichtumsbericht 2005, S. 41…

[157] Lebenslagen in Deutschland. Zweiter Armuts- und Reichtumsbericht 2005, S. 40

[158] Lebenslagen in Deutschland. Zweiter Armuts- und Reichtumsbericht 2005, S. 132

[159] Laut EU-Berechungsmethode sind in Deutschland 13,5 % arm. Der Mittelwert des Einkommens beträgt hier 1500 € 60 %, also rd. 900 €, gelten als Armutsgrenze

Ungünstig wirken sich komplexe Belastungen aus, wie etwa schlechte Wohnverhältnisse, Enge, Lärm, einseitige Ernährung, wenig intellektuelle Förderung. Der schulische und berufliche Ausbildungsstatus ist deutlich niedriger als in höheren gesellschaftlichen Schichten.[160]

Verbunden hiermit ist dauerndes Niedrigeinkommen- *„working-poor"*-, folglich auch Überschuldung. Die Betroffenen fühlen sich doppelt so häufig krank wie wirtschaftlich besser gestellte Personen; das Sterberisiko zweifach erhöht.[161]

Psychische Erkrankungen, Sucht und Suizid sind signifikant erhöht. Arme nehmen nachweislich deutlich weniger Partizipationsmöglichkeiten wahr- die Gesamtsituation führt zur Diskriminierung, bis hin zur Ausgrenzung, welche die vorhandenen Problemlagen weiterhin verstärkt.

Risikofaktoren für Armut sind weiter: Langzeitarbeitslosigkeit, Krankheit, Behinderung, Alter, Kinder, insb. für Alleinerziehende.

Die Zahl der in Armut lebenden Kinder hat sich nach Schätzungen in den vergangenen zwei Jahren hier zu Lande mehr als verdoppelt. Gründe seien vor allem die Hartz-IV-Reformen und die schlechte Wirtschaftslage.[162]

HUBER, Bischof von Berlin- Brandenburg und Vorsitzender des Rates der Evangelischen Kirche in Deutschland, (EKD) berichtet in einem Interview im August 2006 zur Frage nach der „Armut in Deutschland" von seinen Erfahrungen mit Menschen, die von dramatischer Armut betroffen sind, „die aus allen sozialen Netzen herausgefallen sind. Sie erhalten nicht einmal Hartz IV; manche haben auch die Fähigkeit verloren, die entsprechenden Anträge korrekt auszufüllen."[163]

Somit auch das typische Klientel rechtlicher Betreuungen.

Generell gelten *kritische Lebensereignisse*, wozu auch Krankheit und Behinderung zählen, als häufigste Ursache von Armut.

Kritische Lebensereignisse sind nachweislich auch die Ursache von *Überschuldung*.

Erklärungsansätze hierzu finden sich in *psychologischen* bzw. *soziologischen* Theorien, die im nachfolgenden Kapitel vorgestellt werden:

---

[160] vgl.Lebenslagen in Deutschland. Zweiter Armuts- und Reichtumsbericht 2005, S. 24, S.111
[161] vgl.Lebenslagen in Deutschland. Zweiter Armuts- und Reichtumsbericht 2005, S. 29
[162] vgl. *Die Rheinpfalz*, Nr.173 S.2 v. 28.07.2006
[163] HUBER. Bild am Sonntag. Nr.33, S. 07

3.4. (Fehl-)Entwicklung des Selbstwertgefühls und Kompensationsmöglichkeiten durch Konsum - ausgewählte psychologische und soziologische Ansätze

Menschen, für die Betreuung angeordnet wurde, leiden meist unter einem geringen Selbstwertgefühl. Möglicherweise konnte sich das Selbstwertgefühl nur unzureichend entwickeln, oder es erfuhr im Kontext der Erkrankung Beeinträchtigung.

Ein weiteres Phänomen ist die das Vorliegen einer Überschuldung, von der ausgesprochen viele Betreute betroffen sind. Ein Zusammenhang zwischen Selbstwertproblematik und fehlangepasstem Konsumverhalten soll anhand zweier Thesen dargestellt werden.

In Anlehnung an das *Vulnerabilität- Stress-Modell* – (näher erläutert wird dieses in Kapitel 4.2. auf Seite 68) kann durch individuell empfundene *Stressoren* eine psychische Störung ausgelöst werden, eine Krise im Lebenslauf. Die Kompetenz zur Bewältigung von Krisen hängt entscheidend von der *Identitäts- und Selbstwertentwicklung* ab.

Vorgestellt wird nachfolgend das Modell des amerikanischen Psychoanalytikers ERIKSON[164]

3.4.1. Psychologische Theorie nach ERIKSON

Nach ERIKSON wird Entwicklung als lebenslanger Prozess verstanden, der aus bestimmten sensiblem Phasen besteht, die als Entwicklungsstufen gelten. Das Individuum steht in stetiger Interaktion mit seiner Umwelt und muss die Gelegenheit erhalten, Erfahrungen zu machen, Fähigkeiten einzuüben und dafür Bestätigung zu erhalten.

Die Entwicklung wird nach ERIKSON in acht psychosoziale Entwicklungsstufen eingeteilt[165], beginnend mit

- der Phase S ä u g l i n g s a l t e r als erste der zentralen Stufen

und endend mit

- der achten Stufe, dem A l t e r.

---

[164] vgl. JOAS (2001)
[165] vgl. JOAS (2001), S. 154

Unterteilt sind die zentralen Stufen jeweils in die Kategorien

- Entwicklungsstufe
- zu lösende Aufgabe und
- zu entwickelnde Kompetenz.

Demnach muss der Mensch einen für jede Entwicklungsstufe *typischen Konflikt* erfolgreich lösen, um auch die nachfolgende Entwicklung erfolgreich bewältigen zu können und künftige Fehlanpassungen und Entwicklungsstörungen zu vermeiden. Abhängig von der Bewältigungskompetenz, werden in jeder der acht Stufen

- Grundstärken oder
- Grundschwächen

ausgebildet.

Da die Kindheit und Jugendzeit für die Identitätsentwicklung von besonderer Bedeutung ist, wird hier exemplarisch die *psychosoziale Krise Adoleszenz* vorgestellt:
In dieser Übergangszeit zum Erwachsenenalter steht die *Identitätsfrage* im Mittelpunkt der Entwicklungsdynamik. Identität bedeutet: Zu wissen, wer man ist, woher man kommt und wohin man geht. Die psychosoziale Krise der Jugend ist mit dem Aufbau vom *Identität* versus der *Identitätskonfusion* verknüpft.

In dieser besonders gefährdeten und verletzlichen Stufe sind die Herausforderungen besonders hoch:
Die Ablösung von der Herkunftsfamilie will bewältigt werden. Die soziale Stellung in der *Peer-group* ist von zentraler Bedeutung, und erste Beziehungen zum anderen Geschlecht entstehen, mit all dem dazugehörenden Potential an Gefühlschaos. Leistungsüberprüfungen gehören zum Alltag, vielleicht auch der Berufseinstieg oder gar schon die Familiengründung. Außergewöhnlich viele Erwartungen werden an den jungen Erwachsenen gestellt.
Die Bearbeitung dieser Lebensphase ist abhängig von den Bewältigungskompetenzen des bisherigen Lebens und führt, je nach positiver oder negativer Art und Weise der Bearbeitung, zur *Grundstärke eines positiven Selbstkonzepts*, oder zur *Grundschwäche, einem Gefühl der sozialen Zurückweisung.*

3.4.1.1. Themenrelevanz und praktische Ableitung

Ein Mensch kann psychotisch reagieren, und zwar am häufigsten in dem Lebensabschnitt, in dem die Aufgabe besteht, sich gleichzeitig von vertrauten zwischenmenschlichen Beziehungen zu lösen und neue Bindungen an fremde Menschen und Aufgaben einzugehen und Ambivalenzen auszuhalten.[166]

Dieses erhöhtes Risiko besteht, wie dargelegt, in der Zeit des Übergangs vom Jugend- zum Erwachsenenalter. Und tatsächlich treten bekanntermaßen gerade in dieser „Entwicklungsstufe" gehäuft psychische Krankheiten aus, wie etwa Suchterkrankungen, Zwangstörungen, Panikstörung, Generalisierte Angststörung, Somatisierungsstörung, schwere Essstörungen, Persönlichkeitsstörungen, Schizophrenie.

Nach ERIKSON treten *lebenslang* regelmäßig besonders sensible Phasen auf, in denen ein erhöhtes Risiko für Fehlentwicklungen besteht, da die Handlungskompetenz unzureichend ist. Die These legt nahe, dass Krisenbewältigungskompetenzen- immer abhängig von persönlichkeitspsychologischen und situationsspezifischen Variablen- beim Eintreten von Krisen nur unzureichend „eingeübt" werden konnten.

Demzufolge, so ERIKSON, sind spezifische Entwicklungsstufen lebenslang mit Risiken behaftet.

Demnach hängt von den Bewältigungsmöglichkeiten einer Krise die Fähigkeit ab, die Krise selbst und auch nachfolgende kritische Lebensphasen bewältigen zu können.

Tatsächlich, so nachzulesen bei dem amerikanischen *Professor of Psychology*, ZIMBARDO, erfährt der Betroffenen in der Zeit der Krise wenig Ermutigung. Ganz im Gegenteil, werden die von Krisen betroffenen Personen, nämlich psychisch Kranke, in unserer Gesellschaft als „mangelhaft" abgewertet und mit einem Schandmal versehen, also *stigmatisiert.*[167] Verbunden ist dies mit einem dramatischen Verlust von Status und Prestige.

3.4.2. Soziologische Theorie: Prestigeerhöhung durch Konsum

„Die Gesellschaft legt denen, die von ihren Normen abweichen, teure Bußen auf."[168]

Aus soziologischer Perspektive können psychisch Kranke als sozial auffällig bezeichnet werden. Die Gesellschaft sanktioniert das von der Norm abweichende Verhalten, wertet die

---

[166] vgl. BOCK/WEIGAND (Hg) 2002, HEISSLER R.u.M, S.543
[167] vgl.ZIMBARDO 1995, S.640

betroffene Person als mangelhaft ab und grenzt diese als unerwünscht aus.[169] Diese *soziale Zurückweisung*- siehe auch ERIKSON- ist mit einem hohen Verlust an persönlicher und gesellschaftlicher Anerkennung verbunden. Das Bedürfnis, dies auszugleichen und positive soziale Zuwendung herzustellen, ist groß. Häufig werden in dieser Lebenssituation zwischenmenschliche Beziehungen in den Kontext der Käuflichkeit gestellt.[170]

Während der *soziale Status* einer Person sich in der Wertschätzung immaterieller Güter wie Einkommen, Bildung oder Beruf ausdrückt, manifestiert sich das *Prestige* vor allem in Besitz und demonstrativer Verwendung von Konsumgütern.[171]

Diese machen 71 Prozent der Gesamtschulden aus.[172] Konsumieren, um sich gesellschaftskonform zu verhalten, weil das eigene Leben quasi ständig konkurrieren muss mit der medialen Welt der „Reichen, Schönen und Glücklichen"– gerade der *Vergleich* weckt das Bedürfnis!

Den Konsumgütern kommt somit die Aufgabe zu, den Status des Inhabers symbolisch zum Ausdruck zu bringen. Statussymbole sind die sichtbaren Zeichen werthaltiger Merkmale einer Person und erleichtern dessen Einordnung in die soziale Hierarchie. Sie haben eindeutig selbstwerterhöhende Funktion.

Das Streben nach Prestige bringt den Wunsch des Betroffenen zum Ausdruck, eine möglichst hohe Wertschätzung zu erfahren. Konsumgüter können auf unterschiedliche Weise das Geltungs- und Prestigestreben der Konsumenten zum Ausdruck bringen und sind mitunter eine *zentrale Quelle der Lebensfreude.*

Herr R. 35, ist langzeitarbeitslos und bezieht für sich und seine Familie Hilfe zum Lebensunterhalt. Wegen der pflegebedürftigen Ehefrau ist Herr R. vom Arbeitsmarkt „freigestellt". Beide Kinder sind von Behinderung betroffen. Die Wohnungseinrichtung der Familie ist kostspielig. Teure Unterhaltungselektronik ist vorhanden, auch ein neues Auto wurde durch Aufnahme eines Bankkredits gekauft. Es bestehen Schulden in Höhe von 40 000 €. Um die monatlichen Belastungen zu reduzieren schlägt die Betreuerin vor, zunächst einmal den Handyvertrag zu kündigen sowie das Premiere-Abonnement, und eventuell einen kleineren Pkw anzuschaffen, auch wegen der Folgekosten. Die Eheleute weigern sich, auf etwas zu verzichten.

---

[168] ZIMBARDO, S.639
[169] ZIMBARDO, S 639
[170] Schuldenreport 2006 S.133
[171] vgl. REITER 1999, S.123
[172] vgl. Schuldenreport 2006 Band 7, S.42

Die Fehlanpassung besteht darin, dass die Betroffenen im Rahmen ihres Geltungs- bzw. Prestigestrebens Konsumgüter erwerben, die sie nicht bezahlen können. Dieses kompensatorische Kaufen ist eine fatale Strategie: Da es krankheitsbedingt häufig an einer realistischen Einschätzung der Lebenssituation fehlt, ist eine immense Überschuldung der Betroffenen keine Seltenheit und Auslöser dafür, dass die Abwärtsspirale sich noch schneller dreht.

Nicht unerwähnt bleiben sollen hier die wesentlichen Sozialisationsinstanzen Elternhaus, Schule, Freunde, Massenmedien. Diese sind „von größter Bedeutung für kognitive Muster und Verhaltensmuster im späteren Leben"[173] und stellen somit ein Problem dar, dass möglicherweise Generationen erfasst!

Armut gilt als Risikofaktor für die Entstehung, Fortexistenz, Verschlimmerung psychischer Erkrankungen. Auch diese Zusammenhänge sollen hier näher betrachtet werden.

---

[173] JOAS (2001), S.135

4. Psychische Erkrankungen als Ursache von Armut

Psychische Erkrankungen sind Krisen und als solche *Anlasserkrankung* für eine Betreuerbestellung und deshalb von erheblicher Bedeutung für die Thematik dieses Buches.

Alle Interventionen spielen sich im hochkomplexen Kontext dieser Erkrankung ab, sind folglich abhängig von deren Art und Ausprägung, vom Krankheitsverlauf sowie der subjektiven Befindlichkeit des Betroffenen. Weitere Faktoren sind Qualität und Ausmaß des vorhandenen sozialen und professionellen psychosozialen Netzwerks, die Möglichkeiten interdisziplinärer Zusammenarbeit mit den beteiligten Institutionen und die Zusammenarbeit mit Betreuungsbehörde und Vormundschaftsgericht.

4.1. Krankheit als Krise

Zu einer Krise kommt es, wenn wir feststellen müssen, dass wir mit unserer bisherigen Art, die Welt zu verstehen, an Grenzen und an Widersprüche gelangen, und wenn unsere Abwehr- „unser Bemühen, Lösungen ohne Neuorganisation zu erzielen "- nicht mehr aufrechterhalten werden kann.[174] Die Feststellung, dass unser gesamtes Verständnis der Welt nicht mehr stimmig ist, kann bereits für sich alleine eine angsterzeugende und potentiell beschämende Erfahrung sein.

Aus systemischer Sicht verändert sich zudem das gesamte soziale Beziehungsgefüge. Je nachdem, ob in der kritischen Zeit Unterstützung oder Ablehnung erfahren wird, gestalten sich die Auswirkungen auf den Heilungsverlauf.

Die Krise als Zeit der Verunsicherung und erhöhter Verletzlichkeit führt, so CIOMPI, zu einer „Labilisierung affektlogischer" Strukturen.[175]

Infolge der kritischen Lebenssituation kann der Mensch Symptome entwickeln, die Krankheitswert haben: Die Krise tritt hier in Form von *psychischer Krankheit* auf, etwa: *Depressionen, Sucht, psychosomatische Krankheiten*.[176] Diese Erkrankungen werden als Symptome eines ablaufenden Entwicklungsprozesses gesehen, in dem die eigene Beziehung zur Welt grundlegend verändert wird.

---

[174] BOCK/WEIGAND (Hg.) 2002, HEISSLER R. u. M, S.542
[175] CIOMPI 1982, in: BOCK/WEIGAND 8Hg., HEISSLER R.u.M.,S:542

So gilt die Psychose nach BOCK „als Ausdruck eines tragischen Konflikts und eines unter gegebenen Bedingungen schlüssigen Handelns".[177]

Entscheidend kann sein, ob Menschen/ Lebensbereiche/ Institutionen zur Verfügung stehen, die es erlauben, die eigene Angst[178] vor einer auseinanderdriftenden Identität und einer Reaktion (etwa Psychose, Alkoholabusus, Depression etc.) ersatzweise auszuhalten.

Die Bewältigung der Krise hängt somit von Bewältigungskompetenzen des Betroffenen ab.[179] Sind diese ausreichend, so können neue Handlungs- und Bewältigungsstrategien entwickelt werden: Tatsächlich kann die Krise für den Betroffenen dann eine Chance sein!

Auch nach FILLIPS' „Theorie der kritischen Lebensereignisse"[180] sind Krisen als Störung der Person-Umwelt-Passung bivalent zu sehen, d.h. sie bergen für den Betroffenen *Risiken und Chancen*. In der Auseinandersetzung mit der Lebenskrise kann die Folge ein *persönliches Wachstum* sein.

Das professionelle Einwirken und Entgegenwirken wird in Form von *Krisenprävention* und *Krisenintervention* gesehen.

In dem *Fachlexikon sozialer Arbeit* ist die sozialarbeiterische Krisenintervention in vier Phasen aufgeteilt:

1. Einschätzung der akuten Lage des Betroffenen: Herausfinden des auslösenden Ereignisses nach Art, Umfang, Bedeutung und betroffenen Personen; Einschätzung seiner psychischen Verfassung, bes. hinsichtlich Suizidgefährdung, ggf. sofortige Einleitung präventiver Maßnahmen.

2. Planung der Intervention: Einschätzung des Selbsthilfepotentials des Klienten und vorhandener äußerer Ressourcen sowie der einzubeziehenden weiteren Personen.

3. Durchführung der Intervention: Entlastung des Betroffenen von emotionalem Druck, Hilfe zur Auseinandersetzung mit Angst- und Schuldgefühlen und zur Entwicklung neuer Bewältigungsmöglichkeiten, ggf. Vermittlung konkreter Hilfemaßnahmen.

4. Krisenbewältigung und vorausschauende Planung: Stabilisierung der erreichten Problemlösung, Verstärkung der neugewonnenen Bewältigungsmöglichkeiten, Unterstützung bei weiterer Planung, ggf. Einleitung einer weiterhin notwendigen längerfristigen Hilfestellung bzw. Therapie.[181]

---

[176] vgl. BOCK/WEIGAND (Hg.) HEISSELER R.u.M., S. 542
[177] BOCK 1997, in: BOCK/WEIGAND (Hg.)2002, DEMAND, S. 461
[178] BOCK/WEIGAND (Hg.) HEISSLER R. u. M., S.544
[179] vgl. JOAS, Kap. 6 :„Der Lebenslauf, Seite 145
[180] vgl. REITER, 1999, S.20
[181] Fachlexikon TITEL, S.595

Krisenbewältigung ist somit abhängig von Bedeutung des kritischen Ereignisses, von vorauslaufenden Bedingungen, Kontextmerkmalen sowie personellen Ressourcen des Betroffenen.

Für viele Betroffene bedeutet die – vermutlich aufgrund mangelnder Bewältigungsstrategien entstandenen - Krise jedoch *den* maßgeblichen „Knick in der Lebenslinie", welcher ein „Abdriften" in chronische psychische Krankheit und voraussichtlicher Armut zur Folge hat.
Zur (teilweise) Besorgung der eigenen Angelegenheiten nicht mehr fähig, wird die rechtliche Vertretung dann entsprechend der Erforderlichkeit von einem Betreuer übernommen.

Psychische Krankheit als Krise- darüber nachfolgend mehr.

4.2. Psychische Krankheit: Definition und Entwicklung

Nach ZIMBARDO ist eine psychische Störung ein klinisch bedeutsames Muster des Erlebens oder Verhaltens, das mit dem Unbehagen eines Menschen und/ oder mit Funktionsstörungen zusammenhängt. Unter *Psychose* versteht man „eine schwere Störung, bei welcher Wahrnehmung, Denken und Emotionen so beeinträchtigt sind, dass die Person den Kontakt mit der Realität verliert".[182]
Das *Klassifikationsschema IC--10* ist ein wichtiger Diagnoseschlüssel. Mehr aber nicht. Die „Wirklichkeit" des individuellen Krankheitserlebens, basierend auf dem Hintergrund der eigenen Lebensgeschichte und Persönlichkeitsmerkmale, kann damit nicht beschrieben werden.

Mit der Erforschung psychischer Erkrankungen befasst sich die *Psychopathologie.*
Kriterien für eine psychische Störung können sein[183]:

- Die Person leidet und verhält sich *fehlangepasst,* d.h. sie zeigt Verhalten, dass ihrem Wohlergehen nicht förderlich ist.

- Das Verhalten der Person ist *irrational* , d.h. es scheint nicht sinnvoll oder verständlich zu sein.

- Die Person verhält sich *unvorhersagbar*, als ob ein Kontrollverlust vorläge.

- In ihren Handlungen wirkt die Person unkonventionell, von den allgemein akzeptablen Maßstäben abweichend.

---

[182] ZIMBARDO(1995), S. 641

- Zuweilen verhält sich die Person moralisch inakzeptabel, verletzt also soziale Maßstäbe.

- Das Verhalten löst beim Beobachter Unbehagen aus oder das Gefühl, sich bedroht oder bedrängt zu fühlen.

Zur Entstehung psychischer Krankheiten liefert das *Vulnerabilitäts-Stressmodell* Erklärungsansätze:

Vulnerabilität bezeichnet die individuelle *Verletzlichkeit*. Diese kann von sozialen oder psychischen Faktoren abhängen oder von ererbten *Dispositionen*. Stress (etwa in Form eines kritischen Lebensereignisses)- auch dieser wird individuell als solcher empfunden- kann vor dem Hintergrund der Vulnerabilität eine *Krise* auslösen.

Von einer Lebensphase in die andere gibt es typische und besondere Übergänge[184], die notwendigerweise als Krise erlebt, unterschiedlich genutzt wird und auch zu psychotischen oder neurotischen Problemlösungsversuchen führen kann.[185]

Das *mehrdimensionale Krankheitsmodell* der Psychiatrie geht von einer *wechselseitigen Beeinflussung* biologischer, psychischer und sozialer Einflussfaktoren bei der Entstehung und im Verlauf psychischer Störungen und Behinderungen aus und begründet einen komplexen Hilfebedarf.

Daher kommt der Abstimmung im multiprofessionellen Team eine wesentliche Bedeutung zu, um die unterschiedlichen Hilfebedarfe der Einzelnen zu erkennen und zu gewährleisten.[186]

Der Betreuer fungiert hier als „Case-Manager" (siehe Kap.2.4.3.1., Seite 49)

Abschließend noch einige aktuelle Fakten zum Thema: „Psychische Störungen".

- Psychische Störungen haben im Zeitraum 1997 bis 2004 um 70% zugenommen.

- Nur 36,4% aller Patienten mit „Hilfesuchverhalten" wurden behandelt.

- Durchschnittlich vergehen zwischen Diagnosestellung und Behandlung sieben Jahre.

- Im Jahre 2002 betrugen die Behandlungskosten 6,1 Mrd. € für ambulante, 13,6 Mrd. € für stationäre Behandlung.[187]

---

[183] vgl. ZIMBARDO (1995) S. 609
[184] siehe JOAS, Kap.6
[185] vgl. BOCK7WEIGAND (Hg.) 2002, DÖRNER, S.71
[186] vgl.LORENZEN. BtPrax 1/03, S.25,
[187] jeweils BASSLER M., Referent für psychosomatische Medizin und Psychotherapie, Symposium Psychosoziale Versorgung in Rheinland-Pfalz, MDK Alzey, Alzey am 09-11-2005

- Von 87 bis 2004 um 68,7% gesteigerte Arbeitsunfähigkeit wegen psychischer Erkrankung, meist Depressionen[188]

- 41,5% der von Berufsbetreuern Betreuten sind psychisch krank.[189]

4.3. Stigmatisierung - die „zweite Krankheit"

Nach RÖSSLER/GAEBEL/MÖLLER (2005) ist ein Stigma ein

> „Merkmal, das eine Person von anderen abgrenzt und ihr negative Eigenschaften zuschreibt. Negative Einstellungen und ablehnendes Verhalten der Bevölkerung gegenüber psychisch Kranken ist noch immer das größte Hindernis für die Früherkennung und die offene, undramatische Behandlung psychischer Probleme.[190]

Sozial auffällig und somit von der Norm abweichend ist es, „psychisch gestört" zu sein. Es bedeutet öffentliche Herabsetzung, besagt, ein „Schandmal" zu tragen. Damit wird der Betroffene als „mangelhaft" abgewertet und als unerwünscht ausgegrenzt.[191] Umfangreiche Untersuchungen belegen, dass psychisch Kranke als unberechenbar, gewalttätig und eine Gefahr für die Öffentlichkeit angenommen werden.[192] Besonders Suchtkranken wird ein eigenes Verschulden ihrer Lage vorgeworfen,[193] was die Stigmatisierung weiterhin verstärkt.

Durch die somit erzeugte soziale Distanz haben die Betroffenen somit „kaum Zugang zu den Macht- und Entscheidungsgremien und fühlen sich daher oft machtlos und außerstande, auf die Entscheidungen, die sich auf ihr tägliches Leben auswirken, Einfluss zu nehmen".[194]

Schwere psychische Erkrankungen führen auch zu einer *Erosion der sozialen und personellen Netzwerke,* was die gesundheitsförderlichen Ressourcen der Betroffenen weiter beeinträchtigt[195] und „Ausdruck einer *sozialen Behinderung"[196]* ist.

Vorurteile und soziale Isolation als soziale Folgen der Erkrankung werden von den Erkrankten häufig belastender empfunden als die Krankheit selbst. Auch aus Sicht der psychiatrischen

---

[188] Nervenheilkunde 3/ 2006, S. 167
[189] ROSENOW/ BUHLMANN. BtPrax 2/2004, S.57
[190] RÖSSLER/GAEBEL/MÖLLER 2005, S. 1
[191] vgl. ZIMBARDO S.639,640
[192] vgl.RÖSSLER/GAEBEL/MÖLLER (2005) S.77
[193] vgl.RÖSSLER/GAEBEL/MÖLLER 2005,S. 3
[194] Europ. Kommision, Gemeinsamer Bericht über die Soziale Eingliederung (2003-2005, Brüssel 2003, S.10
[195] vgl. RÖSSLER (Hg.) 2004, Kap.1,S.14
[196] RÖSSLER (Hg.) 2004, S.10

Rehabilitation ist Stigmatisierung ein Haupthindernis für eine erfolgreiche Behandlung: Die soziale Ausgrenzung führt dazu, dass Menschen beim ersten Erleben von Symptomen häufig zögern, psychiatrische Hilfe in Anspruch zu nehmen- was das Risiko einer Chronifizierung erhöht; zudem beeinflusst sie die Reaktion auf eine psychiatrische Diagnose sowie die Einstellung zur Notwendigkeit der Behandlung, verhindert häufig eine Kooperation mit den professionellen Helfern und vermindert letztendlich die Chancen für den sozialen und beruflichen Wiedereinstieg.[197]

Das Stigma psychischer Krankheit ist ein wesentlicher Grund für eigentliche *Negativkarrieren* der betroffenen Menschen. Dazu gehören Statusverlust, Arbeitslosigkeit, ökonomische Verarmung, soziale Isolation und unter Umständen auch Wohnungslosigkeit.[198]

Stigmabekämpfung ist somit als eine Form sozialer Gerechtigkeit anzusehen, "denn diese orientiert sich nicht nur an materielle Verteilungsaspekten, sondern auch an einem mehr an den Teilhabe- und Verwirklichungschancen der Betroffenen".[199] Weiter wird in der Unterrichtung der Bundesregierung *„Lebenslagen in Deutschland. Zweiter Armuts- und Reichtumsbericht 2005"* festgestellt: „Soziale Ungleichheit in Deutschland ist eine Tatsache."[200]

„Existenzsicherung im Rahmen rechtlicher Betreuung" meint hier also sämtliche Interventionen für den Betroffenen im Sinne von Re-Integration.

THIERSCH (2002) formuliert treffend in seiner Abhandlung *Gerechtigkeit und Soziale Arbeit*: „Es geht um Dasein und Dabei-sein."

4.4. Grundsätzliche Aufgaben des Betreuers

„Die Defizite, die die Bestellung eines Betreuers erforderlich machen, sind meistens irreversibel."[201]

4.4.1. Situation des Betroffenen

Nach BUHLMANN/ ROSENOW erfolgt die Bestellung eines Betreuers meist nach einer langen Krankheitsgeschichte und nach vielen vergeblichen Versuchen des Betroffenen und

---

[197] vgl. RÖSSLER/GAEBEL/MÖLLER (2005) S.122, 258
[198] vgl.RÖSSLER (2004), Kap. 1, S.11, Verweis auf FINZEN 1996/ HÄFFNER 2000
[199] vgl. Lebenslagen in Deutschland. Zweiter Armuts- und Reichtumsbericht 2005, S.14
[200] S. 145
[201] *BtPrax 6/ 2005 S.223*

verschiedener Helfer, die Krankheit dauerhaft zu kompensieren.[202] Viele befinden sich fast nur noch „in ihrer Erkrankung". Die Erfahrungen der Klienten sind gekennzeichnet durch *Nichtzuständigkeit, Beziehungsabbrüche, Isolation, Einsamkeit und Misstrauen ggü. den professionellen Helfern*. Die Familiensysteme sind häufig *konflikthaft*, sind überfordert wegen der Schwere der Erkrankung und deren komplexen Auswirkungen. Das verbliebene soziale Netz ist dünn.

Der gesetzliche Betreuer ist dann häufig die „letzte Station" dieser Versorgungslandschaft. Nach MEES/ STOLZ stellt sich aus Sicht der Betroffenen jede Betreuerbestellung immer auch als Eingriff in seine grundgesetzlich geschützten Freiheitsrechte dar.[203] Viele Betroffene empfinden die Einrichtung einer Betreuung als Demütigung, wobei sie vor allem den *Symbolcharakter des richterlichen Beschlusses* sehen.[204]

4.4.2. Aufgaben

Grundsätzlich ist vor dem geplanten oder tatsächlichen Handeln für den Betreuten die Legitimation anhand der angeordneten Aufgabenkreise zu überprüfen. Eine Kopie der Bestellungsurkunde ist den Beteiligten- Ärzten, Einrichtungen etc.- zu übergeben.

Nur innerhalb der jeweiligen Aufgabenkreise kann die berufliche Verschwiegenheit, etwa seitens des Arztes ggü. dem Betreuer, aufgehoben sein. Deshalb ist es auch in seinem Interesse, die Aufgabenkreise genau zu kennen.

Häufig findet der erste Kontakt zum Betroffenen auf einer psychiatrischen Station statt. Dessen Fähigkeit, Auskünfte zu erteilen, ist infolge des Akutzustandes seiner Krankheit meist deutlich reduziert.

Aus der Praxis: Besonders der Erstkontakt in der Krise kann entscheidende Auswirkungen auf die Beziehungsgestaltung haben. Dieser Kontakt verläuft gewöhnlich verbal. Der Sozialarbeiter/-pädagoge verfügt üblicherweise über ein von einfühlendem Verständnis getragenes professionelles Kommunikationsverhalten. In der Interaktion mit dem Betroffenen ist hier eine weitere, spezifische Ausprägung sinnvoll. So kann etwa bei Depressiven ein „Mitschwingen" im Gespräch erst einen Austausch möglich machen, wogegen lärmende Munterkeit evtl. wie eine „Totschlagmethode" wirkt. Hingegen kann bei einem um „Fassade" bemühten schwer Suchtkranken, der womöglich auch vor Prahlerei nicht zurückschreckt, ein eher sachlicher Ton zweckmäßig sein.[205]

---

[202] vgl. BUHLMANN/ROSENOW. BtPrax 2/ 2004 , S.57

[203] vgl. MEES/STOLZ. BtPrax 3/94, S.83

[204] vgl. V: LOOZ. BtPrax 3/97, S.88

Erfahrungsgemäß verfügen die Mitarbeiter der Station über wichtige Informationen und müssen gezielt befragt werden: Gibt es Angehörige? Ihnen kommt möglicherweise eine zentrale Bedeutung im Unterstützungssystem zu.

Liegt eine Patientenverfügung vor oder ein Behandlungsvertrag? Gibt es Mitarbeiter aus Einrichtungen, denen der Betroffene bekannt ist?

Grundsätzlich ist eine gründliche Diagnostik von größter Bedeutung, da diese Grundlage ist für sämtliche Therapien.

Umfassende Kenntnisse moderner sozialpsychiatrischer Zielsetzungen (u.a. *Psychoedukatives Training, Empowerment, personelle und soziale Netzwerkintervention, sozialpsychiatrischem Handeln in alltags- und lebensweltorientierten Ansätzen)* und deren praktische Umsetzung sind Voraussetzung einer gelingenden Prozessgestaltung.

Ziel sämtlicher Interventionen ist eine *ganzheitliche Stabilisierung* der Betroffenen.

Wichtig ist hier die Kenntnis darüber, dass Beziehungen zwischen Risiko-, Protektivfaktoren und Gesundheit nicht linear verlaufen, sondern dass vielmehr *komplexe Wechsel- und Rückwirkungen* bestehen.

Mit Unterstützung des regionalen psychosozialen Netzwerks gilt es, die negativen Auswirkungen der psychischen Erkrankung durch sog. „Protektoren" zu mildern.

Gemeint ist damit:

- ein tragfähiges soziales Netzwerk
- soziale Kompetenzen
- wirksame Bewältigungsstrategien im Umgang mit der Krankheit.[206]

4.4.2.1.   K u r z f r i s t i g e Kriseninterventionen

sind Strategien während der Akutphase. Eine Exazerbation der Erkrankung ist unbedingt zu verhindern.

Möglicherweise ist eine Genehmigung zur Unterbringung sofort zu beantragen oder, bei unmittelbar durchzuführender Unterbringung, nachzureichen. Auch sind ggf. Medikamente

---

[205] vgl. V.LOOZ. BtPrax 3/97, S.88
[206] vgl.RÖSSLER (Hrsg.) (2004) Kap.1, S.9

oder besondere Behandlungsformen (beispielsweise Elektrokrampf-Therapie) genehmigungs-bedürftig.

Unbedingt ist abzuklären, ob der Betroffene überhaupt krankenversichert ist, ggf. muss hier Kostenübernahme beantragt werden. Mit dem Arzt ist die Behandlung abzusprechen, ggf. müssen Einwilligungen abgegeben werden; fundierte psychiatrische Fachkenntnisse und Sicherheit in der einschlägigen Fachterminologie werden hier vorausgesetzt.

Mit dem Sozialdienst der Station ist Kontakt aufzunehmen zwecks der erforderlichen Koope-ration.

Außerhalb der Klinik sind weitere aktuelle Aufgaben zu erledigen. Über welches Vermögen verfügt der Betroffene? Sind Schulden vorhanden? Welche Zahlungen müssen sofort veran-lasst werden- beispielsweise der Mietszins? Sind sofortige Anträge auf Sozialleistungen zu stellen (Hilfe zum Lebensunterhalt, Grundsicherung, Pflegegeld, Leistungen der Rentenkasse u.a.) oder ein Antrag auf Feststellung der Schwerbehinderung? Möglicherweise ist dann zusätzlich der Aufgabenkreis *Behördenangelegenheiten* zu beantragen.

Sinnvoll ist auch, sich Kenntnis zu verschaffen von den diversen Hilfsfonds der Kirchen, Stiftungen etc.. Mitunter sind damit unter bestimmten Voraussetzungen recht unkonventionell finanzielle Zuwendungen in Notlagen möglich.

Wie ist es mit der Sicherung der Wohnung bestellt? Sind Tiere zu versorgen? Unbedingt sind sämtliche Interventionen mit dem Betroffenen zu besprechen, sofern dies seinem Wohle nicht zuwiderläuft, und in seinem Sinne, ggf. unter Ermittlung des mutmaßlichen Willens, durchzu-führen.

4.4.2.2.   M i t t e l f r i s t i g e Kriseninterventionen

müssen den künftigen Lebensmittelpunkt des Betroffenen im Focus haben. Ist ein längerer Aufenthalt auf der Akutstation notwendig? Was sollte im Rahmen einer qualifizierten Dia-gnostik zusätzlich abgeklärt werden- etwa der Intelligenzquotient, oder, als komorbide Stö-rung, beispielsweise ein ADHS-Syndrom?

Diese Zusatzdiagnostik kann sehr relevant sein für Sozialleistungsanträge, etwa im Bereich der Eingliederungshilfe.

Krankheit betrifft den Menschen in der Ganzheit seines Daseins und somit auch in seinen sozialen Bezügen; diese Sichtweise ist heute in der Medizin allgemein anerkannt.[207] Je länger der Aufenthalt in der komplementären Einrichtung dauert, desto mehr wird der Betroffene aus seinem eigenen Lebensumfeld ausgegliedert. Somit ist es konzeptionell geboten, die Nähe zur Lebenswelt der Betroffenen zu erhalten.

Grundsätzlich sind aufsuchende Hilfen (Psychiatrische Institutsambulanz, Sozialpsychiatrischer Dienst, Sozialstation) den ambulanten (Tagesklinik, Tagesstätte) und diese den stationären Hilfen (Klinik, Wohnheim) vorzuziehen.

Kann der Betroffene nach Stabilisierung der Gesundheit wieder zu Hause leben? Welche Hilfen sind zu installieren? Wäre Betreutes Wohnen eine Alternative? Ist eine ambulante Versorgung notwendig in Form einer Tagesstätte oder Tagesklinik, oder muss eine stationäre Heimunterbringung anvisiert werden? Die „Bandbreite" der implementierten Hilfs- und Versorgungseinrichtungen, die relevant sind für das Klientel rechtlicher Betreuung, reicht von der „Jugendpsychiatrie" für junge Volljährige bis zur Gerontopsychiatrie, letztlich bis zum (ambulanten) Hospiz (-dienst).

Grundsätzlich ist kontinuierlicher Kontakt zu den Einrichtungen des Betroffenen notwendig. Günstig ist, in Frage kommende Einrichtungen mit dem Betroffenen im Vorfeld zu besichtigen, was ggf. auch vom klinikinternen Sozialdienst übernommen werden kann. Mitunter kann Probewohnen vereinbart werden. Vor der Aufnahme muss die (vorläufige) Kostenzusage vorliegen.

Ist eine Mietwohnung zu kündigen und aufzulösen, muss hierzu vom Vormundschaftsgericht die Genehmigung vorliegen. Die Verwertung, Entrümplung, ggf. Entseuchung und. Renovierung, ist zu veranlassen. Unbedingt muss der Betroffene in diese einschneidende Planung mit einbezogen werden, soweit dies zugemutet werden kann.

4.4.2.3.   L a n g f r i s t i g e Interventionen

dienen der Stabilisierung der erreichten Ziele. Die kontinuierliche Haus- und fachärztliche Versorgung, ggf. durch die Institutsambulanz, muss sichergestellt werden. Möglicherweise

---

[207] vgl.RÖSSLER (2004), Kap.8, S.8

kann eine Eingliederungsmaßnahme angetreten werden (Werkstatt für angepasste Arbeit), oder eine Beschäftigung in einer Integrationsfirma[208].

Ist stationäre Heimunterbringung notwendig, so muss das Ziel weiterhin bestmögliche Rehabilitation sein, etwa in Form spezieller Therapien und Angeboten.

Bei sehr einsamen Betroffenen kann eine „Zuwendungsbetreuung" durch eine Privatperson eingerichtet werden- dies ermöglicht regelmäßige Besuche und kleinere Unternehmungen. Die Lebensqualität der Betroffenen verbessert sich durch dieses Hilfeangebot meist ganz erheblich. Finanziert werden kann die Zuwendungsbetreuung mitunter sogar vom verbleibenden Barbetrag.

Erfahrungsgemäß ist der Krankheitsverlauf des Klientels von Rezidiven und Residualzuständen geprägt und bedarf regelmäßiger Krisenintervention. Hier besteht die Möglichkeit zur Erstellung eines Behandlungsvertrags in Zeiten der Remission.

Charakteristisch für die sozialen Beziehungen von psychisch Kranken Menschen ist die große Abhängigkeit von ihrer Herkunftsfamilie. Ihr sozialer Raum ist fast vollständig auf die Familie und das psychiatrische Versorgungssystem beschränkt.[209]
Für die Autonomie der Betroffenen ist eine Erweiterung der sozialen Kontakte anzustreben, auch in Form nicht-psychiatrischer Angebote.

Grundsätzlich ist die Beziehungsgestaltung zum Betroffenen durch regelmäßige persönliche Kontakte zu intensivieren, um auch nachhaltig ein Vertrauensverhältnis herstellen zu können.-

Soviel zu den unterschiedlichen Interventionen. Zweifellos sind diese, immer am jeweiligen Fall orientiert, notwendig. Jedoch darf nicht zu viel erwartet werden. Zusammenfassend wird hier POLKE zitiert:

„Betreuung kann nicht alles lösen, sie kann allenfalls Richtungshilfen geben und/ oder flankierende Maßnahmen organisieren, um das Leben des Betreuten in einem einigermaßen würdigen Rahmen verlaufen zu lassen."[210]

---

[208] Es gibt auch neue Modelle. So wird in der Frankfurter Rundschau vom 15.04.2006 das Mainzer Drei-Sterne-Hotel „Independence" vorgestellt, in dem 13 psychisch behinderte und drei nicht behinderte Menschen arbeiten. Bezahlt werden sie nach Tarif. Das Gästeaufkommen entwickelt sich kontinuierlich aufwärts. Info: Bundesarbeitsgemeinschaft Integrationsfirmen, Hedemannstr. 14, 10969 Berlin (Quelle: Blätter der Wohlfahrtspflege, 4/2005)
[209] RÖSSLER (Hrsg.)(2004) Kap. 1, S.10

Aus der Praxis: Im Falle psychisch Kranker und suchtkranker Betreuter werden in Facheinrichtungen üblicherweise Therapien angeboten und Vereinbarungen zu einer gewissen Hausordnung erwartet. Vom Betreuer wird häufig erwartet, dass er den „reibungslosen Ablauf" gewährleistet.

Jedoch sind grundsätzlich alle psychosozialen Therapiemaßnahmen nur im Einvernehmen mit dem Betroffenen zulässig und nur dann angezeigt, wenn sie ein Mindestmaß an Erfolg versprechen. Der Betreuer leitet Maßnahmen ein und organisiert alles Notwendige; ob diese gelingen, ist jedoch vom Willen und von der Fähigkeit des Betroffenen abhängig.[211]

4.4.3. Auswahl besonders relevanter Rechtsnormen zur Krisenintervention und Existenzsicherung

SGB II

- Abweichende Erbringung von Leistungen §23
- Erbenhaftung §35

SGB VIII

- §35a i.V. mit §41 (junge Volljährige)

SGB X

- Rücknahme eines rechtswidrigen nicht begünstigenden Verwaltungsakts §44ff
- Rücknahme eines rechtwidrigen begünstigenden Verwaltungsakts (Abs.2: Vertrauensschutz) §45

SGB XII

- Fünftes Kapitel - Hilfen zur Gesundheit §§47-52
- Sechstes Kapitel - Eingliederungshilfe für behinderte Menschen §§53-60
- Siebtes Kapitel - Hilfe zur Pflege- §§61-66
- Achtes Kapitel - Hilfe zur Überwindung besonderer sozialer Schwierigkeiten §§67-69
- Neuntes Kapitel - Hilfe in anderen Lebenslagen §§70-74
- Mehrbedarf §30
- Einmalige Bedarfe §31
- Hilfen zum Lebensunterhalt in Sonderfällen §36ff
- Erbenhaftung §102

Die nachfolgend vorgestellten psychischen Erkrankungen befinden sich bereits in einem *chronischen Stadium*, mit Auswirkungen auf die *finanzielle, soziale und gesellschaftliche Lebenssituation*. Durch die Schwere der Erkrankung können die Angelegenheiten dauerhaft

---

[210] POLKE. BtPrax 3/ 04, M9
[211] vgl. HARM.BtPrax 3/05, S.98

nicht mehr erledigt werden. Dies wurde bereits durch Gutachten festgestellt. Betreuung wurde angeordnet.

Die Betroffenen sind somit „*Heavy-User*"[212], eine neue fachpsychiatrische Terminologie zur Bezeichnung chronisch Kranker, die als „Drehtürpatienten" immer wieder behandlungsbedürftig sind.

4.5. Typische betreuungsrelevante Krankheitsbilder, die ein Armutsrisiko beinhalten

Grundsätzlich sind alle schweren Ausprägungen psychischer Erkrankung mit dem Risiko der Verarmung behaftet. Oft ist die Prognose umso ungünstiger, je früher eine Krankheit ausbricht und je länger diese unbehandelt bleibt. Ab der Diagnosestellung vergehen durchschnittlich sieben Jahre bis zu einen adäquaten Behandlung; nur etwa ein Drittel aller Patienten mit „Hilfesuchverhalten" wird überhaupt behandelt.[213]

Bei frühem Ausbruch der Erkrankung sind bereits die Bildungschancen beeinträchtigt:
Die Leistungsfähigkeit ist deutlich reduziert, da mit den meisten Störungen Konzentrationsmangel, Unruhe, emotionale Schwankungen, reduzierte Kontaktfähigkeit, Antriebsstörung u.a. verbunden sind. Auch Nebenwirkungen von Medikamenten können Auswirkungen auf die Leistungsfähigkeit haben, etwa durch Benommenheit.

Diese Auswirkungen psychischer Erkrankung betreffen auch die Ausbildung sowie die Berufstätigkeit. Der aktuelle Tenor der Arbeitsgerichte ist, dass schwer chronisch Kranken „mit schlechter Gesundheitsprognose" trotz des sonst so „hoch gehaltenen" Kündigungsschutzes gekündigt werden darf.[214]

Da die Folge psychischer Erkrankung häufig eine Erosion des sozialen Netzwerks ist, sinkt auch die Chance, durch Beziehungen eine Beschäftigung zu be- oder erhalten. Generell gilt der psychisch Kranke als „unattraktiver Tauschpartner", und je mehr die Krankheit mit einem Stigma behaftet ist, desto geringer ist die Chance, vorbehaltlos weiterempfohlen zu werden.

---

[212] PIEPENHAGEN, G., Referentin Psychiatrie und Neurologie MDH Rheinland-Pfalz; Symposium Psychosoziale Versorgung in Rheinland-Pfalz. 09.11.05, Alzey

[213] BASSLER, Symposium Psychosoziale Versorgung in Rheinland-Pfalz des MDK Alzey am 09.11.2005 in Alzey

[214] FOCUS Nr. 33/06, Seite 33

Belastet ist der Arbeitsplatz durch häufige Fehlzeiten, insbesondere durch langwierige Klinik-aufenthalte und Rehamaßnahmen. 41% der Arbeitsunfähigkeitstage sind bedingt durch psychische Störungen.[215] Infolge der Erkrankung- besonders bei noch unbehandelten Störungsbildern- können Persönlichkeitsveränderungen auftreten, etwa in Form von sozialem Rückzug, aufbrausendem Benehmen oder bizarrem Verhalten; die soziale Umwelt kann dieses unangepasste Verhalten häufig nicht akzeptieren. Sozialer Ausschluss, bis hin zu Mobbing, letztlich Kündigung des Arbeitsplatzes kann die Folge sein. Sogenannte *Systemsprenger* stehen dann nicht mehr im Arbeitsprozess und haben ein besonders hohes Armutsrisiko.

Herr Z., 27 Jahre alt, seit einem Jahr arbeitslos. Ausbildung zum Metallschlosser im Rahmen einer Berufsbildungsmaßnahme. Wegen seiner Alkoholabhängigkeit hatte er gesetzliche Betreuung beantragt, da er seine Angelegenheiten nicht mehr regeln konnte und zu verwahrlosen drohte. In den vergangenen Jahren wurden ihm die Arbeitsplätze regelmäßig nach kurzer Zeit gekündigt. Herr Z. gab an, gerne gearbeitet zu haben, jedoch sei er nie mit den Kollegen ausgekommen. Alle hätten über ihn geredet, sich über ihn lustig gemacht. Immer sei er sich beobachtet vorgekommen. Da sei er ab und zu „ausgerastet" und habe auch schon mal zugeschlagen.

Das Arbeitsamt drohte damit, die Leistungen zu kürzen, da Herr Z. keine „ernsthaften Bemühungen zeige", ein Beschäftigungsverhältnis aufzunehmen. Im Rahmen einer Entgiftung veranlasste die Betreuerin im Einvernehmen mit Herr Z. eine psychiatrische bzw. psychologische Begutachtung. Ergebnis war, dass Herr Z. neben seiner Alkoholerkrankung unter einer schweren emotional instabilen Persönlichkeitsstörung litt. Die Intelligenz war leicht überdurchschnittlich.

Herr Z. war zu diesem Zeitpunkt nicht fähig, auf dem „ersten" Arbeitsamt eine Beschäftigung durchzuhalten. Nach einer zusätzlichen Begutachtung im Rahmen des Arbeitsamtes wurde die Reha-Maßnahme: Beschäftigung in einer Werkstatt für angepasste Arbeit (WAA) genehmigt. Während dieser sozialpädagogisch geleiteten Maßnahme absolvierte Herr Z. mehrere Praktika auf dem „ersten" Arbeitsmarkt. Sein dringender Wunsch war es, wieder „ganz normal" arbeiten zu können. Nach zwei Jahren Arbeitstraining, in denen Herr Z. sich zunehmend belastbar zeigte, übernahm ihn eine Firma als Arbeiter für sechs Stunden am Tag. Herr Z., der kontinuierliche ärztliche und psychologische Behandlung annimmt und wieder über ein intaktes soziales Umfeld verfügt, hat die Probezeit überstanden und verrichtet selbstbewusst und zuverlässig seine Tätigkeit.

Bei schweren Krankheitsausprägungen ist eine regelmäßige Beschäftigung auf dem allgemeinen „ersten" Arbeitsmarkt in der Regel nicht mehr möglich;

Psychische Erkrankungen sind zunehmend Ursache für Berufs-, Erwerbsunfähigkeitsrente.[216]

Möglicherweise besteht auch Anspruch auf ergänzende Hilfen.

---

[215] BASSLER, Symposium Psychosoziale Versorgung in Rheinland-Pfalz des MDK Alzey, ALZEY am 09.11.2005

[216] RÜDDEL H.(Ärztlicher Direktor St. Franziskastift Bad Kreuznach/TOLZIN CH.(Leiter Kompetenz-Centrum für Psychiatrie und Psychotherapie der MDK Gemeinschaft, Schwerin) Symposium Psychosoziale Versorgung in Rheinland –Pfalz des MDK Alzey, Alzey am 09.11.2005

Wie nachzuvollziehen ist, haben die Betroffenen nur sehr unzureichende Kenntnisse im (komplizierten!) Sozialleistungsrecht. Infolgedessen werden Leistungen, auf die ein Anspruch besteht, nicht beantragt bzw. keine Rechtsmittel gegen belastende Bescheide eingelegt.

Sozialleistungen erlauben in der Regel nur eine bescheidene Lebensführung. Möglicherweise ist es erst im Rahmen der Erkrankung zum *sozialen Abstieg* gekommen, jedoch müssen die finanziellen Belastungen eines vormals höheren Lebensstandards weiter abgetragen werden. Häufig ist hier Überschuldung die Folge, ebenso wie bei Kompensation der Lebenssituation durch kreditfinanzierten Konsum. Grundsätzlich ist hier u.a. die Geschäftsfähigkeit abzuklären.

Einige psychische Erkrankungen sind mit einem besonders hohen, typischen Risiko der Verarmung behaftet. So Schizophrenie, Depression, Manie, Suchterkrankungen, schwere Persönlichkeitsstörungen und Demenz.

Diese Störungsbilder sind häufig *Anlasserkrankungen* für eine Betreuerbestellung und werden deshalb nachfolgend im einzelnen aufgeführt[217]:

4.5.1. Verarmungsrisiken bei Schizophrenie (paranoid-halluzinatorische)

Diese schwere psychische Erkrankung beeinträchtigt das gesamte Fühlen, Denken und Handeln und ist verbunden mit Realitätsverlust. „Der Betroffenen erlebt sich in einer Art Zeitzentrifuge, in der Empfinden mit hoher Intensität abläuft, oft mehrere Handlungsstränge gleichzeitig, und in der nichts berechenbar ist, weil die Gesetze der Logik bis hierher nicht reichen."[218] Halluzinationen treten auf, etwa in Form von optischen Täuschungen, atypischen Gerüchen, insbesondere (imperativen) Stimmen. Die Umwelt wird in anderen, bedeutsamen Zusammenhängen wahrgenommen. Überall werden Sinnzusammenhänge gespürt, ohne sie zu verstehen. Die Welt wird als bedrohlich erlebt; man selbst steht im Zentrum allen Entsetzlichen.

In diesem Zustand ist Eigengefährdung möglich- etwa infolge von Nahrungsverweigerung, weil das Essen „vergiftet" ist, oder Fremdgefährdung- wie etwa Brandstiftung, um Spuren zu beseitigen- oder weil Helfer in dass Wahnsystem eingepasst werden und bekämpft werden müssen.

---

[217] Quellen: Im wesentlichen *Zusammenfassung* der im Literaturverzeichnis angegebenen Bücher zur Psychologie/ Psychiatrie
[218] BOCK/WEIGAND (Hg.) 2002, S, 253

Kennzeichnend für diese Erkrankung ist ein hohes Rückfallrisiko, insbesondere dann, wenn die Behandlung abgelehnt oder abgebrochen wird. Lange Fehlzeiten im Arbeitsprozess sind dann die Folge. Mitunter ist es nicht mehr möglich, das „Ausgangsniveau" wieder zu erlangen; ein Verharren in Residualzuständen, welches von Minussymptomen geprägt ist, bestimmt dann das Verhalten. Da Minussymptome das Aktivitätsvermögen des Betroffenen deutlich „herunterfahren", wird das Unvermögen, sich aktiv mit der Umwelt auseinander zu setzen und Leistung zu erbringen, als „Faulheit" fehlinterpretiert. Probleme am Arbeitsplatz sind auch möglich aufgrund wahnhafter Beziehungsideen, wie sie im Rahmen von Positiv-Symptomen, häufig bedingt bei Frühwarnzeichen, auftreten können. Arbeitsbeeinträchtigend wirkt sich hier auch die hohe Reizoffenheit (z.B. große Lärmempfindlichkeit, gestörter Schlaf-, Wachrhythmus) aus. Stress, auch infolge hoher Arbeitsbelastung, kann nicht ausgehalten werden und wirkt als Auslöser für Rezidive.

Komorbide Störungen, wie etwa Suchterkrankung, verstärken die Problematik zusätzlich.

Infolge der schweren Störung ist das Verhalten oft drastisch *fehlangepasst* mit den üblichen sozialen und arbeitsrechtlichen Konsequenzen.

Schizophrene Kranke gehören zu den „*Lon—stay-Patienten*" mit klassischen Liegezeiten zwischen sechs Monaten bis zu drei Jahren.[219]

4.5.1.1   Interventionsmöglichkeiten des Betreuers

Wichtig ist die Einleitung bzw. Fortführung der Therapie: Möglicherweise ist eine Psychiatrische Akutbehandlung, ggf. mit Freiheitsentziehung, notwendig. Da die Betroffenen dabei krankheitsbedingt oft panisch regieren, ist Deeskalation hier dringend erforderlich.

Eine Beziehungsgestaltung ist zunächst schwierig, da der Betroffene in der Akutphase meist wenig zugänglich ist und/ oder möglicherweise unter wahnhaften Beziehungsideen leidet, die zu Missverständnissen führen können. Eine zu intensive und tiefergehende Auseinandersetzung zu Beginn des Kontaktes kann für den Betroffenen daher zu einer für ihn bedrohlichen Nähe werden, da noch keine kontinuierliche und verlässliche (Vertrauens-)Beziehung besteht.

Im Vordergrund steht hier zunächst die medikamentöse Therapie, um die Dysfunktion des Hirnstoffwechsels ausgleichen und somit die psychotischen Symptome unterdrücken. Möglicherweise treten schwere *Nebenwirkungen* auf, dann muss mit dem behandelnden Arzt nach Alternativen gesucht werden. Möglicherweise sind *genehmigungspflichtige Einwilligungen*

---

[219] vgl.LORENZEN.BtPrax 1/03,S.26

erforderlich, etwa zur Elektrokrampftherapie. Ergänzende Therapien sind z.B.: *Psychoedukatives Training, Kognitive Verhaltenstherapie*. Im Rahmen einer Nachbehandlung kommen hier Tagesklinik, Psychiatrische Tagesstätte in Betracht, Ambulante Begleitung durch SPdI, Institutsambulanz, Selbsthilfegruppen, *Soziotherapie* (Vorgestellt wird in BtPrax 3/05 M10 das Konzept der *Soziotherapie*. Für Sozialarbeiter/- pädagogen im klinischen Bereich ist dies nach entsprechender Zusatzausbildung ein neues Arbeitsfeld, so auch für Berufsbetreuer). Bei relativer Belastbarkeit sind Eingliederungsmaßnahmen einzuleiten. Für schwerstkranke Betroffene muss ggf. ein Heimplatz gesucht werden, bei Betreuten mit eigen- und fremdgefährdenden Durchbrüchen auch im Rahmen von freiheitsentziehender Unterbringung.

Bei keiner anderen psychischen Erkrankung ist die Stigmatisierung so hoch wie bei der Schizophrenie.[220] Die *soziale Behinderung* erzeugt zusätzlichen Leidensdruck. Wesentliche Voraussetzung für eine Kompensation und Integration psychotischen Erlebens sind einerseits *soziale Einbindung* und andererseits *Aufhebung von Isolation*.[221]

Da schizophrene Betroffene bei Betreuungsübernahme vielfach längst aus dem Arbeitsleben ausgeschieden sind, sind die finanziellen Ressourcen verbraucht. Häufig existieren Schulden.

4.5.2. Verarmungsrisiken bei Depressionen

Tiefe Traurigkeit und Antriebslosigkeit bestimmen den Alltag. Der Betroffene fühlt sich wie gelähmt, hat keine Energie. Häufig plagen schwere Schuldgefühle zusätzlich.

Zur Verrichtung einfachster Routineangelegenheiten ist der Betroffene oft nicht fähig. Eine Arbeitstätigkeit auf dem „ersten Arbeitsmarkt" kann üblicherweise nicht mehr ausgeführt werden. Schulden entstehen, da aufgrund der Antriebslosigkeit weder Überweisungen ausgeführt, noch Anträge gestellt, noch Rechtsmittel eingelegt werden.

Komorbide tritt hier häufig Suchterkrankung auf, was die finanziellen Belastungen weiterhin verstärkt.

Es mangelt an hauswirtschaftlicher Kompetenz; infolgedessen ist die Ernährung unzureichend, der Haushalt, der Betroffenen selbst oft verwahrlost.

Meist lebt der Betroffene isoliert. Diese Krankheit birgt ein hochgradiges Suizidrisiko: 20-60% haben einen oder mehrere Suizidversuche unternommen, 40-80% sind suizidal.[222]

---

[220] vgl. RÖSSLER/GAEBEL/MÖLLER 2005, S.226
[221] vgl.BOCK/WEIGAND(Hg.) 2002, S. 40

4.5.2.1.   Interventionsmöglichkeiten des Betreuers

Der Betreuer übernimmt in der Akutphase des Betroffenen die Organisationskompetenz.

Bei hochgradiger Suizidalität muss eine Unterbringung mit Freiheitsentziehung eingeleitet werden. Die Therapie ist auch hier zunächst medikamentös, um das Stimmungstief auszugleichen. Hierbei ist besondere Vorsicht angebracht: Infolge der stimmungsaufhellenden Medikamente verspürt der Betroffene möglicherweise bald wieder mehr Energie, jedoch bleibt die Traurigkeit vorerst noch bestehen. Durch den neuen Antrieb können Suizidgedanken in dieser Phase realisiert werden, es besteht deshalb ein stark erhöhtes Suizidrisiko. Die Unterbringung mit Freiheitsentziehung ist in dieser Therapiephase häufig (noch) notwendig.

Begleitend u.a. Psychotherapie, ggf. bei schwersten Ausprägungen auch Elektrokrampftherapie.

Depressive benötigen tagesstrukturierende Hilfen. Möglich sind nach der Entlassung aus der Klinik zunächst Tagesklinik, Tagesstätte, Eingliederungsmaßnahmen, ambulante Begleitung durch die Angebote des regionalen psychosozialen Netzwerks. Ferner kann im Rahmen des *Persönliches Budgets* Förderung und/ oder persönliche Zuwendung (etwa gemeinsame Freizeitgestaltung) organisiert werden.

Generell sind schwer Depressive in ihrer Leistungsfähigkeit deutlichst eingeschränkt und stehen deshalb kaum noch in einem Arbeitsverhältnis; 30% der Depressiven sind frühberentet.[223] Infolgedessen ist die Lebenslage häufig von Armut und Überschuldung geprägt.

Aus depressiven Schuldgefühlen heraus werden manchmal Schenkungen oder letztwillige Verfügungen getroffen; deshalb ist hier möglicherweise ein *Einwilligungsvorbehalt* angebracht.[224]

4.5.3. Verarmungsrisiken bei Manie

Der Betroffene zeigt ein geradezu hyperkinetisches Verhalten, empfindet sich als genial, als grandios, wie im „Rausch". Zugleich besteht die Tendenz, die einströmende Ideenfülle in die Tat umzusetzen: So werden etwa Flugtickets gekauft, Autos, teure Möbel, etc.

Komorbide hier u.a. Substanzmittelmissbrauch[225], welcher die Ausgaben zusätzlich in die Höhe treibt.

---

[222] Nervenheilkunde 3/2006, Schattauer Verlag, S.167

[223] Nervenheilkunde, Schattauer Verlag, S. 167

[224] vgl. BAUER/KLIE/RINK 2005, S. 58

Im Zustand der Manie werden möglicherweise Straftaten begangen, etwa Körperverletzung infolge der krankheitsbedingten Übererregung, Realitätsverzerrung und Distanzlosigkeit. Hier kann ein weiteres Verarmungsrisiko durch entstehende Gerichtskosten und Geldstrafen bestehen.

Umschlag in schwere Depression ist möglich, insbesondere aufgrund des Verlustes wichtiger Sozialkontakte und Bezugspersonen. Krankheitsverschlimmerung auch ‚wenn eine depressive Episode sich anschließt. „Im Ergebnis droht die Ruinierung der eigenen sozialen Existenz und derer, die mit davon abhängen."[226]

4.5.3.1. Interventionsmöglichkeiten des Betreuers

Bei schwerer Ausprägung ist eine erhebliche Einschränkung der persönlichen Lebensführung wahrscheinlich. In der akuten Phase besteht häufig eindeutiger Betreuungsbedarf.

Realitätsbezogenes Handeln und vernunftmäßiges Abwägen sind in der Manie in hohem Maße beeinträchtigt, so das meistens von einer zumindest partiellen Geschäftsfähigkeit[227] auszugehen ist. Erforderlich ist dann die Anordnung einer Betreuung im Bereich Vermögenssorge, hier üblicherweise mit Einwilligungsvorbehalt nach §1903 BGB.

Notwendig sein kann die Einleitung einer psychiatrischen Behandlung, ggf. Klinikbehandlung bzw. Unterbringung mit Freiheitsentziehung, auch aufgrund der komorbiden Störungen: Angst-, Eß-, Persönlichkeits-, Substanzmittelmissbrauch, Depressionen, oder wegen Suizidalität.

Insbesondere bei Manien wird empfohlen, in stabilen Phasen eine *Vorsorgevollmacht* für den Fall eines Rezidivs zu erstellen; *Eigenverantwortlichkeit und Selbstbestimmung* sind somit auch in Zeiten beeinträchtigter Willensbildung möglich.[228]

Häufig werden im Zustand der Manie hohe Schulden verursacht. Hier ist immer an einen Ausschluss der Geschäftsfähigkeit zu denken. Bezüglich evtl. begangener Straftaten ist die Deliktfähigkeit zu überprüfen.

---

[225] vgl.EBERT/LOEW 2003, S.,235
[226] BAUER/KLIE/RINK ,2005,Rz 59
[227] vgl. BAUER/KLIE/RINK 2005, Rz 59
[228] vgl.WURZEL. BtPrax 3/ 05, S.87

4.5.4. Verarmungsrisiken bei Alkokolerkrankung

Vorgestellt wird hier der Typ des „*Delta-Trinkers*" da dieser als eigentlicher *Prozess-Trinker* mit seelisch-körperlicher Abhängigkeit, Toleranzsteigerung, Kontrollverlust und Abstinenz-symptomen[229] im fortgeschrittenen Stadium häufig der gesetzlichen Betreuung bedarf. Diese Form der Suchterkrankung macht einen Anteil von 20,8% bei berufsmäßiger Betreuung aus.[230]

Infolge *hirnorganischer Abbauprozesse* sind hier dementielle Entwicklungen und psychotische Episoden möglich. Bis 75% der Betroffenen leiden komorbide unter zusätzlichen Störungen, wie Angststörungen.[231]

Die WHO definiert Sucht durch Kennzeichen der psychischen und physischen Abhängigkeit.[232] Lebensinhalt ist die Sucht. Alles Denken, Fühlen und Handeln wird durch die Gier nach dem „Stoff" bestimmt. Die vor der Erkrankung geltenden Werte und Normen sind nachrangig.

Durch den exzessiven Alkoholkonsum laufen in der Regel hohe Schulden auf, denn der finanzielle Rahmen reicht meist nur für das Notwendigste. Denn in diesem Stadium der Krankheit steht der Betroffenen üblicherweise in keinem festen Arbeitsverhältnis mehr und lebt- bestenfalls- von Sozialleistungen.

Eine komorbide Depression kann die Unfähigkeit zur Regelung eigener Angelegenheiten zusätzlich verstärken. Alkoholkranke mit dieser Krankheitsausprägung sind häufig erheblich verwahrlost.

Zusammenfassend ist festzuhalten, dass schwer Alkoholkranke oft völlig vereinsamt sind.

Die Lebensgestaltung entspricht häufig einem Dahinvegetieren weit unterhalb des Existenz-minimums.[233] Primärschulden und damit verbundene (drohende) Wohnungslosigkeit sind hier beinahe „die Regel".

Das Armutsrisiko ist bei dieser Gruppe immens hoch.

---

[229] vgl. EBERT/LOEW, 2003, S.140
[230] ROSENOW/BUHLMANN; BtPrax 2/04, S.57
[231] EBERT/LOEW 2003,S.126
[232] vgl.EBERT/LOEW 2003, S.136
[233] vgl. Lebenslagen in Deutschland. Zweiter Armuts- und Reichtumsbericht 2005, S.136

4.5.4.1.   Interventionsmöglichleiten des Betreuers

Nach dem Klassififizierungssystem psychischer Krankheiten *ICD-10*, werden in Kap.V *Abhängigkeitserkrankungen allgemein als psychische Erkrankungen* angesehen. In der juristischen Literatur und Rechtsprechung hingegen wird diese weite Grenzziehung kritisch diskutiert.[234] Betreuungsbedürftigkeit bestehe erst dann, so die Befürworter einer engeren Eingrenzung, wenn die psychische Erkrankung infolge hirnorganischer Veränderungen Krankheitswert hat.

Nach der Gesetzesbegründung des §1896 Abs.1 Satz 1 sind Trunk- und Rauschgiftsucht Ausdruck einer psychischen Krankheit[235] und somit betreuungsrelevant.

Seit 1968 sind Suchterkrankungen als Krankheit *i.S. des SGB* anerkannt.

Strukturen verfestigter Armut sind überdurchschnittlich häufig bei Suchtkranken anzutreffen. Viele öffnen ihre Post nicht mehr, stellen keine Anträge auf Sozialleistungen, leben „von der Hand in den Mund." Grundnahrungsmittel ist oft der Alkohol, Lebensmittel werden kaum noch konsumiert. Hier können Lebensmittelgutscheine hilfreich sein, um die Ernährung des Betreuten zu sichern[236]
Spezielle Sozialleistungsansprüche, etwa zum Erhalt der Wohnung durch zur Mietschulden-übernahme, können hier relevant sein.

Meist muss eine Schuldenregulierung eingeleitet werden. Die Anordnung eines *Einwilligung-vorbehalts* ist bei diesem Klientel beinahe obligatorisch, damit keine weiteren Schulden auflaufen und der Betroffene sich somit finanziell nicht langfristig in erheblichem Maße selbst schädigt.
Möglich ist auch die Unterstützung durch diverse Hilfefonds, wie etwa die „*Stiftung Integrationshilfe für ehemals Drogenabhängige e.V.*", welche auch Entschuldungshilfen anbieten.[237]

Eine der ersten Interventionen des Betreuers kann die Einleitung einer Entgiftungsbehandlung sein, welche bei begründeter Gesundheitsgefahr (Alkoholintoxikation, Entzugsdelir) im

---

[234] vgl. WETTERLING/ TILMANN/ VERLTRUP/NEUBAUER. BtPrax 3/95,S.87
[235] vgl.BAUER/KLIE/RINK 2005, Rz 85
[236] gem. SGB II: §23 Abs.2 *Abweichende Erbringung von Leistungen:* Regelleistung kann in voller Höhe o. anteilig als Sachleistung erbracht werden(z.B. Lebensmittelgutscheine)
[237] vgl.SCHRUTH u.a. 2003, S.64

Rahmen einer Unterbringung mit Freiheitsentziehung zu organisieren ist. Solche Entgiftungs-behandlungen sind wegen des sehr hohen Rückfallrisikos oft mehrmals jährlich notwendig. Sinnvoll sind anschließende Suchtberatung, Selbsthilfegruppen wie *Anonyme Alkoholiker* und Qualifizierte Entwöhnungsbehandlung; diese Hilfen setzen jedoch vom Betroffenen die Akzeptanz seiner Erkrankung voraus, sowie unbedingte Motivation zur Kooperation mit allen Beteiligten.

Generell sind die Möglichkeiten des regionalen Netzwerks wahrzunehmen. Auch internisti-sche Behandlung ist ggf. einzuleiten, da Alkohol als Zellgift schwerste organische Schäden verursacht.

Im häuslichen Umfeld kann hauswirtschaftliche Unterstützung notwendig sein. Im Rahmen von *Hilfe nach Maß / Persönliches Budget* können mithilfe *sozialpädagogischer Fachleis-tungsstunden* Haushaltskompetenzen mit dem Betroffenen eingeübt werden.

Notwendig ist mitunter eine Entmüllung, Entseuchung oder Renovierung der Wohnung. Bei Obdachlosigkeit können Übernachtungsmöglichkeiten, ggf. Einfachstwohnungen organisiert werden.

Üblicherweise sind Delikt-, und Geschäftsfähigkeit erheblich beeinträchtigt. Liegen straf-rechtlich relevante Tatbestände vor, so ist die Haftfähigkeit zu prüfen.

Sind die Folgeschäden der Erkrankung so ausgeprägt, dass infolge hirnorganischer Abbau-prozesse Wahnvorstellungen und Verwirrtheit vorliegen, muss ggf. ein Platz in einem- mög-lichst suchttherapeutischen-Wohnheim gesucht werden.

4.5.5. Verarmungsrisiken bei Borderline- Persönlichkeitsstörung

Die unsichere Selbstidentität der „Grenzgänger zwischen Neurose und Psychose"[238] beein-flusst als dauerhafte Störung *Fühlen, Denken und Handeln*, bis hin zu *Realitätsverzerrung*. Die Affektlage ist extrem instabil, Impulskontrolle kaum möglich. Dogmatisches Verharren in eigenen Sichtweisen ist untrennbar verbunden mit einem einseitigen und meist erfolglosen Kampf gegen die Außenwelt- eigene Mitverantwortung wird nicht erkannt, Auseinanderset-zungen dominieren das Alltagsleben: „Die Hölle, das sind die anderen"[239]

---

[238] DÖRNER/PLOG/TELLER/WENDT, 2002, S.302
[239] SARTRE J.P., „Bei geschlossenen Türen." Rowohlt Verlag Hamburg 1949, in: ROLF.BtPrax 2/ 02 S.58

Infolgedessen oft drohender Verlust des Arbeitsplatzes wegen fehlangepassten Verhaltens, mit Scheitern bereits in der Probezeit, häufig wechselnden Arbeitsstellen und in der Folge Arbeitslosigkeit.

Komorbide u.a. Suchterkrankungen, Depressionen. Möglich sind psychosenahe Verläufe.

Die Leistungsfähigkeit und die Fähigkeit zu sozialen Interaktion werden damit zusätzlich beeinträchtigt.

Da die Betroffenen bevorzugt auf der Gefühlsebene agieren und sich mitunter sehr exzentrisch verhalten, ist die Beziehungsgestaltung zum personellen und sozialen Netzwerk häufig schwer belastet. Die Folge sind instabile, kurzlebige und wechselnde soziale Beziehungen bis hin zur sozialen Isolation.

Grundsätzlich besteht ein Gefühl von Leere und Langeweile. Häufig werden teure, kreditfinanzierte Konsumgüter gekauft, um die frustrierende Lebenssituation zu kompensieren. Auch das Bedürfnis nach sofortiger, exzessiver Triebbefriedigung, gemäß der individuellen Vorlieben, ist kostspielig.

Da Affinität zu Suchterkrankung und komorbide auch Depressionen möglich sind, bestehen hier zusätzlich die krankheitstypischen Verarmungsrisiken.

Der Betroffenen erlebt die Störung üblicherweise als „Ich-synton", d.h.: die Störung wird nicht als solche erkannt; vielmehr wird der Umwelt die Schuld an Konflikten zugewiesen.[240]

4.5.5.1.   Interventionsmöglichkeiten des Betreuers

Persönlichkeitsstörungen sind normalerweise nur bei schwerer Ausprägung betreuungsbedürftig, da hier der Bezug zur Realität meist nicht verloren geht. Die Betreuungsbedürftigkeit begründet sich häufig aufgrund der komorbiden Störungen.

Die Beziehungsgestaltung gilt als schwierig, häufig wird der Betreuer- insbesondere wenn Betreuung gegen den Willen angeordnet wird- „...als weiteres Glied in der Kette der Gemeinheiten und Ungerechtigkeiten des Umfelds erlebt, dass es zu bekämpfen gilt".[241]

Die Borderline- Persönlichkeitsstörung ist schwer zu therapieren. In Frage kommen Sozial-, Verhaltenstherapie, bei Bedarf auch Medikation, um Sozial- und Identitätsverhalten günstig zu beeinflussen. Gegebenenfalls ist Klinikbehandlung notwendig, möglicherweise als frei-

---

[240] vgl.GÜNTHER. BtPrax 2/02, S 59
[241] GÜNTHER. BtPrax 2/2002, S.59

heitsentziehende Unterbringung infolge schwerer komorbider Störungen oder Suizidalität. (In der Praxis tritt bei jungen Borderline- Patientinnen- offensichtlich in der Mehrzahl tatsächlich bei Frauen- oft das Phänomen des „Ritzens" auf. Diese selbst zugefügten Schnitte, oft am Handgelenk, können erhebliche Eigengefährdung zur Folge haben.

Therapeutisches Ziel ist Problembewältigungskompetenz[242], um die soziale und ökonomische Lebenslage nachhaltig zu verbessern.

Häufig muss eine Schuldenregulierung eingeleitet werden.

4.5.6. Verarmungsrisiken bei Demenz

Betroffen sind hier meist ältere bis sehr alte Menschen. Infolge hirnorganischer Abbauprozesse kommt es zunehmend zu kognitiven Beeinträchtigungen, mit Desorientiertheit und chronischer Verwirrtheit. Mitunter besteht auch ein hirnorganisches Psychosyndrom *(„HOPS")*, welches Wahnvorstellungen und Persönlichkeitsveränderungen zur Folge haben kann.

Da primär Merkfähigkeit und Gedächtnis beeinträchtigt sind, führt dies zu Beeinträchtigungen der kompletten Lebensbewältigung.

Alte Menschen haben ohnehin ein hohes Armutsrisiko. Demente tätigen zudem häufig völlig unsinnige Rechtsgeschäfte oder verschenken wahllos ihr Geld. Mitunter wird dieses auch versteckt und nicht wieder gefunden. Auch kommt es vor, das Rechnungen einfach vergessen werden, und somit Schulden in erheblicher Höhe auflaufen, bis hin zur Energiesperre und Räumungsklage.

Bei Frau K. war das psychotische Erleben Ausdruck ihrer dementiellen Entwicklung. Nach entsprechender medikamentöser Behandlung klangen die Symptome ab. Es schien, als könne sich die Persönlichkeit der Betreuten endlich wieder entfalten. Zwar verhielt sich die Betroffene während ihres Klinikaufenthalts noch immer sehr introvertiert, jedoch überraschte sie Ärzte und Pflegeteam immer wieder durch ihre zutreffenden Kommentare und ihren Humor. Sie begann, Briefe an den Bruder zu schreiben, den sie Jahrzehnte lang nicht gesehen hatte und stellte somit wieder einen regelmäßigen Kontakt her. Wöchentliche Besuche einer „Zuwendungsbetreuerin" wurden akzeptiert und nach einiger Zeit freudig erwartet. Nach vielen Monaten war Frau K. dazu in der Lage, aktiv Wünsche zu äußern, etwa dem nach einem Bier zum Abendessen. Dies brachte ihr besondere Sympathiewerte ein, und das Getränk wurde Frau K. abends „heimlich" in einer Schnabeltasse gereicht.

---

[242] vgl. GÜNTHER BtPrax 2/02 S.59

4.5.6.1. Interventionsmöglichkeiten des Betreuers

Grundsätzlich schließen sich das Recht auf Selbstbestimmung und Demenz nicht aus.[243] Jedoch muss der Betreuer seine Handlungen vorwiegend am natürlichen bzw. mutmaßlichen Willen des Betreuten ausrichten.

Da die Orientierung zu Ort, Zeit und Situation zunehmend gestört ist, besteht im fortgeschrittenen Stadium der Erkrankung erhebliche Eigengefährdung, etwa durch Herumirren bei eisigen Temperaturen, Gefahren des Straßenverkehrs, Brandgefahr im Haushalt etc.. Schwere Wahnvorstellungen können ebenfalls lebensbedrohliche Auswirkungen haben, etwa wenn das Haus nicht mehr verlassen wird und die Lebensmittel ausgehen. Dann ist möglicherweise eine Unterbringung mit Freiheitsentziehung notwendig, auch um ggf. zusätzlich beeinträchtigende komorbide Störungen diagnostizieren und behandeln zu lassen.

Zu beachten ist hier die Überprüfung und ggf. Genehmigung freiheitsentziehender Maßnahmen, wie sedierende Medikamente, Bauchgurte, Bettgitter etc..

Grundsätzlich ist jeweils die Erforderlichkeit zu überprüfen. Zudem ist die (häufig belastende) Bewegungseinschränkung ins Verhältnis zu setzen zum geistig-seelischen Wohl; hier muss vor der Entscheidungsfindung jeweils gegeneinander abgewogen werden.

Soweit zu verantworten, sind ambulante Hilfen so lange wie möglich den stationären vorzuziehen. *(Essen auf Rädern, Sozialstation, „Zuwendungsbetreuung", Gerontopsychiatrische Tagesstätte u.s.w.)*

Neben Leistungen der Pflegekasse, können ggf. Leistungen der Altenhilfe[244] und ggf. weitere, dem Einzelfall entsprechende Sozialleistungen in Anspruch genommen werden.

Ist Heimunterbringung unumgänglich, so sollte dem charakteristischen „Wandertrieb" der Dementen durch eine geschickte architektonische Planung („Rundläufe"), wie sie in neueren Einrichtungen vorzufinden ist, entsprochen werden. Freiheitsentziehende Maßnahmen lassen sich somit verringern bzw. vermeiden.[245]

Grundsätzlich ist der geäußerte oder mutmaßliche Wille des Betroffenen anzuerkennen und gegenüber dem Pflegepersonal durchzusetzen. Da die Betroffenen oft extrem hilflos sind, ist eine regelmäßige Kontrolle der Pflege sinnvoll, etwa im Bezug auf geeignete Beschäftigungsmöglichkeiten, ausreichender Nahrung und Flüssigkeit etc..

---

[243] vgl. HOFFMANN. BtPrax 2/01, S.62
[244] § 71 SGB XII
[245] vgl. GUY, BtPrax 6/ 05, S. 217

Typischerweise sind schwer Demente nicht mehr einwilligungsfähig. Einwilligungen, etwa in Heilbehandlungen, werden somit vom Betreuer abgegeben, ggf. nach Genehmigung durch das Vormundschaftsgericht.

Evtl. muss bei Erforderlichkeit stationärer Heimunterbringung die Wohnung nach Genehmigung durch das Vormundschaftsgericht aufgelöst werden.

Unsinnig ist es, für die Erben oder gar die Bestattung sparen: Vorhandenes Vermögen soll unbedingt zu Verbesserung der Lebensqualität der Betroffenen ausgegeben werden. Auch vom monatlichen Barbetrag, den der Kostenträger gewährt ist es mitunter möglich, stundenweise eine Zuwendungsbetreuung einzurichten.

Die materielle Not und die damit verbundenen erheblichen psychischen Belastungen stehen somit bei der Übernahme einer Betreuung im Vordergrund. Eine umgehende Inanspruchnahme der dem Betroffenen zustehenden Sozialleistungen, sowie unverzügliche Einleitung der Schuldenregulierung können den Betreuten auch psychisch erheblich entlasten.

4.6. Auswirkungen von Überschuldung auf die Erkrankung

Überschuldung ist, zusätzlich zur Erkrankung, ein weiterer, tragischer Belastungsfaktor. Er wirkt als „negativer Verstärker" auf alle Lebensbereiche. Komorbide Erkrankungen, insbesondere Suchtprobleme und Depressionen, können auftreten. Verstärkt wird auch die Stigmatisierung. Freie Entfaltung und Selbstverwirklichung sind nicht nur ideell, sondern auch konkret- materiell außerordentlich eingeschränkt. Viele Familien zerbrechen. Bekanntermaßen ist Überschuldung ein klassisches Motiv für Suizid.

Durch die Interventionen des Betreuers sollen die sozialen Folgeprobleme von Überschuldung minimiert oder, wenn möglich, beseitigt werden, um eine Teilhabe des Schuldners und seiner Familienangehörigen am wirtschaftlichen, beruflichen, sozialen und kulturellen Lebensalltag zu ermöglichen.

5. Überschuldung[246] als akute materielle Krise

„Bereits in der Armenfürsorge des 18.Jahrhunderts ist die Behandlung materieller Probleme ein Arbeitsfeld der sozialen Arbeit"[247]

5.1. Schuldenregulierung als Aufgabe rechtlicher Betreuung?

Ist die Schuldenregulierung, abgeleitet aus der Vermögenssorge, überhaupt als Betreueraufgabe anzusehen? Die Ansichten gehen hier auseinander, selbst die zuständigen Amtsgerichte haben unterschiedliche Erwartungen an den Betreuer.

Diese Frage ist m.E. trotz des knappen Zeitbudgets unbedingt zu bejahen. Hier geht es schwerpunktmäßig um die *Einleitung* der Schuldenregulierung, um Soforthilfe und Schadensminimierung, also um kurzfristige Kriseninterventionen, welche die „bedrohliche Spitze des Schuldenbergs" umfassen[248] und die aktuell besorgungsbedürftig sind, für dessen Erledigung der Betroffene dringend der Vertretung bedarf.

Der Nutzen liegt in der Sicherstellung der täglichen Versorgung, sofortiger Entlastung (eigene Anmerkung: Etwa durch Erweiterung der Aufgabenkreise um *Postangelegenheiten*, infolgedessen die belastende Gläubigerpost an den Betreuer zugestellt wird- denn auch das ist Krisenintervention: Dem Betreuten in akuten Belastungssituationen den „Rücken frei zu halten!") sowie einer Verbesserung der aktuellen Lebenslage sowie der gesundheitlicher Verfassung.[249]

Anmerken möchte ich hier weiterhin, dass für den Betreuer der „Reiz" der Schuldenregulierung auch darin liegt, dass Interventionserfolge hier „messbar" sind. Gesundheitliche Interventionen werden stets von Hoffnung getragen. Beim psychisch kranken Klientel treten typischerweise häufig Rezidive auf; wie oft muss wieder „von vorne" anfangen werden. Durch eine erfolgreich eingeleitete Schuldenregulierung und infolgedessen deutlicher Stabilisierung des Betreuten hat auch der Betreuer ein Erfolgserlebnis.-

---

[246] Monatliche Zahlungsverpflichtungen sind höher als das zur Tilgung verfügbare Einkommen.
[247] Schuldenreport 2006, S.225
[248] vgl.FRIETSCH/GROTH/HORNUNG/SCHULZ-RACKOLL/ZIMMERMANN/ZIPF/MÜLLER (2004) Kap.3, S.4f
[249] vgl. BIENWALD. BtPrax 5/2000, S.190

Wegen der gebotenen Dringlichkeit ist eine rasche Abgabe der Angelegenheiten an eine Schuldnerberatungsstelle aufgrund der dort üblichen langen Wartezeiten häufig nicht möglich.[250]

Zur Fortsetzung der vom Betreuer eingeleiteten Schuldenregulierung kann jedoch die Unterstützung einer Schuldnerberatungsstelle notwendig sein. Der Betreuer profitiert von der Kompetenz der Schuldnerberater bei mittel-, und langfristiger Schuldenregulierung – evtl. bis zur Durchführung einer Privatinsolvenz. Hierdurch wird er zeitlich dadurch deutlich entlastet. Ist der Betroffene dazu in der Lage, sollte dieser selbst mit dem Schuldnerberater kooperieren und beim Entschuldungsprozess aktiv mitwirken. Institutionell vorausgesetzt wird dort das Prinzip der Freiwilligkeit, der Eigeninitiative sowie Bereitschaft zur Übernahme von Verantwortung. Der Betroffene handelt quasi als „Experte seines eigenen Lebens".

Möglich ist auch, Hilfen einzuleiten, um die Haushaltskompetenzen zu verbessern, etwa mittels Fachleistungsstunden im Rahmen des *Persönlichen Budgets*.

Häufig handelt es sich um langwierige Entschuldungsprozesse. Bei erfolgreicher Intervention steigt die Chance des Betroffenen, bei wirtschaftlicher und psychosozialer Beständigkeit wieder eine Perspektive zu haben.

5.2. Sozialprofil überschuldeter Haushalte

5.2.1. Definition

Nachfolgende Definition beschreibt das wirtschaftliche Scheitern eines Privathaushalts:

> „Ein Privathaushalt gilt als überschuldet, wenn sein Haushaltsnettoeinkommen nach Abzug der existentiellen Lebenshaltungskosten für unabsehbare Zeit nicht mehr ausreicht, um seinen wiederkehrenden finanziellen Verpflichtungen nachzukommen und um seine bereits aufgelaufenen Schulden abzutragen. Über Vermögen, das den Liquiditätsengpass überwinden könnte, verfügt der Privathaushalt nicht (mehr)."[251]

In der Bundesrepublik Deutschland existieren 3,13 Mio. überschuldete Privathaushalte (2002) Dies entspricht 8,1% aller Privathaushalte.[252] Die Mehrheit der insolventen Privathaushalte in

---

[250] Schuldnerberatung seit 01.01.2005 Sozialleistung: Eingliederungsmaßnahme nach §16 Abs.2 SGB II
[251] Schuldenreport 2006 Band 7,S.16
[252] Schuldenreport 2006, S.17

den alten Bundesländern (27%) ist mit Gesamtschulden zwischen 10 000 und 25 000 € belastet.[253]

Dem bundesweiten Trend der zunehmenden Verschuldung entspricht in Rheinland-Pfalz die landesweite Steigerung bei Privatinsolvenzen um 40,3 % seit Jahresfrist.[254] Als Hauptursachen werden hier vom Sozialministerium genannt: Arbeitslosigkeit, mangelndes Wissen in Finanzfragen, Trennung, Scheidung, gescheiterte Selbständigkeit. Gläubiger sind neben Geldinstituten Versandhäuser und öffentlich-rechtliche Institutionen sowie Telekommunikationsanbieter und Energielieferanten. Die Schuldnerberatungsstellen verzeichnen derzeit einen neuen „Boom".

5.2.2. Einkommensquelle der überschuldeten Haushalte

Quelle, Schuldenreport 2006, BVV

In Klammern: Neue Bundesländer

Erwerbseinkommen	47 % (29)
Bundesagentur für Arbeit	30 % (43)
Hilfe zum Lebensunterhalt	14 % (17)
Rente/ Pension	8 % (11)
Einkünfte aus Selbständigkeit	1 % (1)

Das Erwerbseinkommen beinhaltet auch Niedrigeinkommen.

Die Hälfte der überschuldeten Betroffenen bezieht Sozialleistungen.

---

[253] Schuldenreport 2006, S.40

[254] vgl. Die Rheinpfalz, 18.04.2006, Seite Südwestdeutsche Zeitung

5.2.3. Gläubigerstruktur

Quelle: Schuldenreport 2006, BVV

In Klammern: Neue Bundesländer

Kreditschulden	71 % (68)
Sonstige	52 % (34)
Versandhandelschulden	42 % (41)
Schulden bei Behörden	40 % (47)
Offene Versicherungsbeiträge	30 % (25)
Schulden bei Telefongesellschaften	24 % (32)
Mietschulden	18 % (32)
Energieschulden	15 % (15)
Schulden bei Privatpersonen	8 % (9)

5.2.4. Überschuldungsauslöser

Quelle: Schuldenreport 2006, BVV,S.48: (Alte Bundesländer, 2004)

In Klammern: Neue Bundesländer

Arbeitslosigkeit	23 % (46)
Trennung/ Scheidung	23 % (19)
Unwirtschaftliche Haushaltsführung	17 % (2)
Krankheit, Unfall	13 % (6)
Dauerndes Niedrigeinkommen	8 % (29)
Sucht	2 % (4)

Nachfolgende Überschuldungsauslöser stehen weitgehend synonym für Defizite im finanziellen Wissen und für unzureichende Planungs-, Risikoabwägungs-, Entscheidungs- und Handlungskompetenzen in den eigenen finanziellen Angelegenheiten:

Quelle: Schuldenreport 2006 S.315

In Klammern: Neue Bundesländer

Unwirtschaftliche Haushaltsführung	17 %(2)
Überhöhter Konsum	4 % (25)
Unerfahrenheit/ Bildungsdefizite	5 % (1)

Empirische Untersuchungen beschäftigen sich derzeit mit der Ableitung einer „Schuldenneigung", die Ergebnisse sind jedoch noch wenig aussagekräftig.

Eine Erkenntnis ist u.a. diese, dass ein niedriger Bildungsgrad und niedriges Einkommen die Schuldenneigung erhöhen.[255]

Aus der Praxis: Der „Statistische Warenkorb" setzt Wirtschaftlichkeit voraus. Hier übersieht der Gesetzgeber, dass es bei Armen gerade an Haushaltskompetenzen mangelt. So kaufen auch Betreute häufig nicht in Billigdiscountern ein, sondern in kleinen Fachgeschäften, die teurer sind. Dies entweder, weil die Discounter in Randlagen ohne Fahrzeug nicht erreichbar sind; Fahrten dorthin werden dann auch einmal mit dem Taxi erledigt. Für viele Betroffene ist aus Statusgründen auch der Kauf von Markenprodukten wichtig.(vgl. Kap.3.4.2., S. 63) Bedingt durch Unkenntnis, ist der Nährwert der eingekauften Lebensmittel- „Fast food"- häufig schlecht und sättigt nicht, muss deshalb in größerem Umfang eingekauft werden. Zudem ist diese Art der Ernährung teurer als die Zubereitung von Frischprodukten: „The poor pay more".

Grundsätzlich ist bei überschuldeten und nicht einsichtsfähigen Menschen die Notwendigkeit eines Einwilligungsvorbehalt zu überprüfen, um weitere Schädigungen zu verhindern. Erforderlich kann der Aufgabenkreis *Postangelegenheiten* sein. Mahnbescheide u.ä. landen somit nicht mehr so häufig im Müll, sondern können rechtzeitig vom Betreuer empfangen und bearbeitet werden. Allein dadurch kann schon großer Druck vom Schuldner genommen werden, weil er nicht mehr mit den oft angstbesetzten Schreiben der Gläubiger konfrontiert wird.

5.3. Leben am Limit- Typische Arten von Schulden und Problemstellungen

Überschuldung steht für den schleichenden Prozess einer sozialen Destabilisierung nicht nur des Schuldners, sondern auch der übrigen Haushaltsmitglieder: Der Ausschluss von herkömmlichen sozialen Aktivitäten und psychosomatisch bedingte Krankheiten sind typische Begleiterscheinungen einer Überschuldung,[256] bis hin zum Suizid.

---

[255] Schuldenreport 2006, S.54
[256] vgl.Schuldenreport 2006,S.16

5.3.1. Überlegungen im Vorfeld

Grundsätzlich sind Sozialhilfeempfänger „nach dem Willen des Gesetzgebers nicht in der Lage, Schuldverpflichtungen zu tilgen."[257] Denn die Sozialleistung stellt ja ohnehin bereits das Notwendigste zum Leben, das Existenzminimum dar. Oftmals fehlt diese Information den Gläubigern und muss ihnen übermittelt werden. Möglicherweise ist ihnen dieser Tatbestand auch bekannt und sie versuchen dennoch, Geld einzutreiben.

Grundsätzlich sollte hier den Gläubigern die „Pfandlosigkeit" des Betroffenen mitgeteilt werden. Zahlung von (Kleinst-) raten kann dennoch sinnvoll oder notwendig sein, wenn der Betroffene auf eine Fortsetzung der Geschäftsbeziehung angewiesen ist, etwa beim Energieversorger oder auch bei Telefongesellschaften. Im Einzelfall kann auch hier wieder auf die Zuwendungen kirchlicher Hilfsfonds zurückgegriffen werden, insbesondere bei einmaligen Zahlungen; so etwa für Zuschüsse für Klassenfahrten von Kindern Betroffener u.ä..

Die jeweiligen Interventionen sind Hilfen unter Berücksichtigung ökonomischer, juristischer und sozialer Kriterien sowie der psychischen und sozialen Verfassung und orientieren sich stets am vorliegenden Fall.

Beim chronisch psychisch Kranken ist an den Zustand der *natürlichen Geschäftsunfähigkeit* gem. §§ 102, 104 BGB zu denken, da diese üblicherweise an erheblichen Defiziten leiden, welche die Willensbildung erheblich einschränkt. Den Gläubigern ist hier mitzuteilen, dass der mit dem Betroffenen abgeschlossene Vertrag als nichtig zu qualifizieren ist. Keinesfalls sollte eine Schuldenbegleichung eingeleitet werden, da diese eine *Anerkenntnis* der Forderung darstellen würde. Um eine weitere Schädigung des Vermögens zu verhindern, kann die Anordnung eines *Einwilligungvorbehalts* notwendig sein.

5.3.2. Vorbereitung der Interventionen

Ausgangslage ist die konkrete Lebenslage des Betroffenen. Meist liegt eine Verknüpfung der sozialen Verlaufsgeschichte mit dem Verschuldensverlauf vor. Es ist sinnvoll, diese inneren Ursachenzusammenhänge zu entschlüsseln, um beide komplexen Bereiche nachhaltig in das Konzept einbinden zu können.

Wichtig ist ein detaillierter Überblick über Art und Umfang des Einkommens und der Gesamtverschuldung. Hierbei kann der Betroffene als Kooperationspartner den Betreuer oft

---

[257]SCHRUTH u.a. 2003, S.63

erheblich unterstützen, und diese Zusammenarbeit kann Grundlage einer erfolgreichen Beziehungsgestaltung sein.

Grundsätzlich müssen alle Ansprüche staatlicher Transferleistungen realisiert werden.

Fundierte Kenntnisse des Betreuers sind notwendig im Mahn- und Kreditwesen, bezüglich Widerspruchs- und Einspruchsfristen etc..
Als personelle Eigenschaften des Betreuers im Bereich der Schuldenregulierung sind hervorzuheben: Verhandlungsgeschick, Hartnäckigkeit, und- last not least- ein gewisses Gerechtigkeitsbewusstsein welches sich darin ausdrückt, „dem Kapital" - sprich: Banken, Großunternehmen etc., das am unterprivilegierten Betreuten verdiente Geld wieder „abzuringen"!

5.3.3. Interventionen zum Schutz des Existenzminimums

5.3.3.1.   Bankschulden

Wenn noch ein Girokonto existiert, so ist es üblicherweise überzogen. Eingehende Sozialleistungen werden somit „automatisch" mit dem Sollstand verrechnet, so dass kein Geld zum Überleben zur Verfügung steht.

Jede Benachrichtigung der Bank, etwa über nicht eingelöste Lastschriften, incl. hoher Zusatzgebühren, kann *Stressauslöser* für einen Krankheitsschub sein!

Interventionsmöglichkeit: *Sonderkonto* einrichten: Der Sollstand wird aus dem überzogenen Girokonto herausgenommen und auf einem Sonderkonto – möglichst ohne weitere Zinsen- festgeschrieben. Das Girokonto wird als Guthabenkonto weitergeführt.

Möglich ist auch, das belastete Girokonto zu belassen und bei einem anderen Geldinstitut ein neues Konto einzurichten. Darauf gehen dann die Sozialleistungen in voller Höhe ein und werden nicht mehr automatisch mit dem Sollstand verrechnet, so dass dem Betroffenen die volle Summe zum Leben verbleibt. Wenn sich die finanzielle Situation stabilisiert hat, kann das „ruhende Konto" mittels kleiner Beträge ausgeglichen, und dann gekündigt werden.

Vorübergehend kann ein *„Unterkonto"* eingerichtet werden. Auf dieses überweist der Betreuer eine Summe, die dem Betroffenen monatlich oder wöchentlich zur Verfügung steht.

Der Betroffene verfügt selbständig über dieses Konto.

Das „Hauptkonto" ist für den Betroffenen nicht mehr zugänglich. Von den eingehenden Einnahmen werden existenzsichernde Ausgaben, etwa Miete, Energie bezahlt.

Diese rigide Maßnahme ist nur möglich bei fehlender Geschäftsfähigkeit oder Einwilligungsvorbehalt und sollte nur in akuten, existenzbedrohenden Krisen angewandt werden, z.B. bei suchtkranken oder manischen Klienten.

Aus der Praxis: Betreuer betreuen im Rahmen der Vermögenssorge üblicherweise auch vermögende Klienten und sind den Mitarbeitern der Geldinstitute durch die entsprechenden Anlagegeschäfte bekannt. Durch die vom Betreuer veranlassten oft üppigen Geldanlagen verdient die Bank, der Betreuer wird als „guter Kunde" gesehen.

Dies ermöglicht dem Betreuer eine wesentlich bessere Verhandlungsposition, als dies dem verarmten Betroffenen gelingen würde. Günstig ist, wenn der Betreuer unter Hinweis auf die vermögenden Betroffenen im Falle des existenzbedrohten Betreuten auf Kulanz der Bank besteht.

Existenzsichernde Vereinbarungen könne so „auf dem kurzen Dienstweg" getroffen werden.

5.3.3.1.1. Kontopfändung

Nach §55 SGB I[258] sind die eingegangenen Sozialleistungen für die Dauer von sieben Tagen ab Gutschrift unpfändbar. Bestimmte Sozialleistungen sind grundsätzlich unpfändbar; ansonsten ist zu überprüfen, ob die aktuelle Pfändungstabelle korrekt angewendet wird.[259]

Bei Fristversäumnis ist zwecks Freigabe der Leistungen das *Vollstreckungsgericht* zuständig.

5.3.3.1.2. Kontosperre

Die Bank verweigert die Auszahlung gutgeschriebener Beträge. Dies kann existenzbedrohend sein.

Interventionsmöglichkeiten:

Sozialleistungen müssen innerhalb der ersten sieben Tage nach Gutschrift uneingeschränkt ausgezahlt werden, bzw. entsprechende Überweisungen ausgeführt werden.[260]

Dies unabhängig davon, ob eine Kontopfändung oder ein überzogener Dispo-Kredit vorliegt.

Bei Fristversäumnis ist zwecks Freigabe der Sozialleistungen das Prozessgericht zuständig.

---

[258] Schuldenreport 2006,S.163
[259] siehe § 54 SGB I „Pfändung"
[260] siehe § 55 SGB I „Kontopfändung und Pfändung von Bargeld"

> *Aus der Praxis*: Für Betroffene, die manisch, suchtkrank oder „kaufsüchtig" sind kann es fatale Auswirkungen haben, innerhalb der „Sieben-Tage-Frist" das gesamte Guthaben abzuheben. Von dieser Summe müssen die Lebenshaltungskosten eines ganzen Monats finanziert werden.
>
> Hier bedarf es wiederum der Kreativität des Betreuers, individuell erforderliche Absprachen zur Existenzsicherung zu tätigen.

5.3.3.1.3. Kontokündigung

Ein Girokonto ist Voraussetzung jeder Geschäftsbeziehung (Einkommen, Telekom, Miete, Versicherung etc.) und Ausdruck persönlicher und wirtschaftlicher Integrität. Eine Kündigung blockiert jeden für den Schuldnerhaushalt noch so existentiellen bargeldlosen Verkehr: „Wer kein Konto hat, ist wirtschaftlich ausgebürgert!"[261]

Überweisungen sind dann nicht möglich, Einzugsermächtigungen und Daueraufträge scheitern. Es muss auf teure Barüberweisungen zurückgegriffen werden.

Durch Barüberweisungen (je ca. 8 € Gebühr) und Rücklastschriften entstehen hohe Zusatzkosten. Das verfassungsrechtlich garantierte Existenzminimum wird somit weiter reduziert; die finanzielle Krise verschärft sich weiter.

Rechtsmittel gegen Kontopfändung hängen von der Art der eingehenden Beträge ab. Bei Arbeitseinkommen gelten andere Schuldnerschutz-Vorschriften als für *Sozialleistungen*. Nur diese sind, themenabhängig, hier von Relevanz.

Es gibt *kein einklagbares Recht* auf ein Girokonto, jedoch ist eine Beschwerde beim Ombudsmann der Schlichtungsstelle der Bank möglich. Kundenbeschwerdestelle der einzelnen Banken jeweils erfragen.[262]

Scheitern sämtliche Interventionen, so werden Sozialleistungen gem. §42 SGB II bar ausgezahlt, wenn der Berechtigte nachweist, dass ihm die Einrichtung eines Kontos ohne eigenes Verschulden nicht möglich ist.

> *Aus der Praxis*: Häufig entspannt sich die Lage bereits, wenn ein Betreuer stellvertretend für den Betroffenen als neuer Verhandlungspartner auftritt. Ein erster Schritt kann sein, um Erlass der Mahngebühr zu bitten.

---

[261] Schuldenreport 2006,S.176

[262] „Arbeitsgemeinschaft Schuldnerberatung und Verbände (AG SBV), Bundesgeschäftsstelle, Blumenstraße 20, 50670 Köln;/ Verbraucherzentrale Bundesverband, Marktgrafenstraße 66, 10969 Berlin

5.3.3.2   Primärschulden

Schulden, die wegen ihrer existentiellen Bedrohung für den Schuldner als Primärschulden bezeichnet werden, sind: Miet- und Energieschulden.

Ein Dach über dem Kopf, Wasser, Wärme, Licht und Kochmöglichkeit gelten als allg. anerkannter Standard zur Führung eines menschenwürdigen Daseins. Dies konkretisiert sich auch in der Sozialgesetzgebung.[263]

Primärschulden haben bezüglich einer Überschuldung grundsätzliche Indikatorfunktion.

5.3.3.2.1.   Energieschulden
Interventionsziel: Sicherung der Energieversorgung

Diese Schulden sind oft ursächlich für eine Betreuerbestellung. Die Notlage fällt Nachbarn und Bekannten auf, diese wenden sich dann an das Amtsgericht.

Ohne Energie ist die Existenz unmittelbar in Gefahr und die Gesundheit konkret bedroht. Kranke könne nicht mehr auf Telefon oder Hausnotruf zurückgreifen, ggf. besteht somit akute Lebens- bzw. Unfallgefahr. Auch erheblicher finanzieller Schaden, etwa durch Verderb der Lebensmittel in Kühlgeräten bzw. Schäden durch Rohrbruch belastet zusätzlich.

Aus der Praxis: Stromschulden sind oft immens hoch, weil das Gas bereits abgestellt wurde oder kein Heizöl bezahlt werden kann. Geheizt wird dann über Monate mit mehreren Stromradiatoren, welche extrem viel Strom verbrauchen. Forderungen über mehrere tausend Euro sind dann keine Seltenheit.

Interventionsmöglichkeiten:

- Kontaktaufnahme mit Energielieferant.

- Bitte um Stundung unter Verzicht auf Stundungszinsen, evtl. Kleinstraten vereinbaren.

- Versorgungsvertrag genau lesen und "Sozialklausel" beachten: Bestimmte Lebenssituationen lassen eine Energiesperre nicht zu. So bei Krankheit, Schwangerschaft, Kleinkindern im Haushalt, Verderb von gekühlten Lebensmittel in großer Menge oder wenn die Gefahr besteht, dass Leitungen einfrieren.

- Möglicherweise kann ein neuer, günstigerer Vertrag abgeschlossen werden, etwa ein „Singletarif". Als letztes Mittel bieten einige Stromlieferanten die Installierung eines Scall-Münzzählers an; dieser zwingt zum sparsamen Verbrauch.

- Antrag auf Kostenübernahme durch das Sozialamt, ggf. auf Darlehensbasis.

---

[263] siehe hierzu etwa die §§ 1, 27,28, SGB XII

5.3.3.2.2 Mietschulden

Interventionsziel: Wohnungserhalt auf Dauer

Gefahr der sozialen Verelendung durch fristlose Kündigung, Räumungsklage/ Zwangsräumung, Obdachlosigkeit.

Interventionsmöglichkeiten:

- Kontakt zum Vermieter, Verhandlungen
- Kündigung durch Zahlung ausschließen[264]
- Kündigung durch Aufrechnung beseitigen [265]
- Nachholungsrecht innerhalb Zwei-Monatsfrist nutzen[266]
- Anspruch auf Wohngeld klären
- Kalkulierte Mietzahlungen, um der Kündigung die Rechtsgrundlage zu entziehen (siehe Mietrecht)
- ggf. Wohnraum untervermieten oder günstigere Wohnung suchen
- Amtsgericht informiert Sozialamt von bevorstehender Wohnungslosigkeit: Antrag auf Übernahme der Mietschulden durch Sozialamt[267]
- Das Sozialhilfegesetz also als Waffe gegen Obdachlosigkeit?[268]

Als letztes Mittel beim Ordnungsamt zur Verhinderung von Obdachlosigkeit eine Unterkunft in Einfachswohnungen der Gemeinde („Notunterkünfte") beantragen.

5.3.3.2.3 Räumungsklage

Interventionsziel: Wohnungserhalt bzw. Räumungsaufschub

Das Räumungsurteil verpflichtet zur Herausgabe der Wohnräume und tituliert die Mietrückstände zzgl. Verfahrenskosten. Der Wohnungsverlust ist nicht mehr zu verhindern.

Voraussichtlich wird der Vermieter nicht nur die säumigen Mietzahlungen niemals eintreiben können, sondern auch die erheblichen Kosten der Räumung, des Abtransports der Einrichtungsgegenstände sowie einer Lagerhalle für das Mobiliar (vor-)finanzieren müssen. Dieses

---

[264] § 543 Abs. 2 Satz 2 BGB
[265] § 543 Abs. 2 Satz 3 BGB
[266] § 569 Abs. 3 Nr.2 BGB
[267] § 34 SGB XII
[268] In der *Frankfurter Rundschau* (Nr. 59/06, S.4 „Gesetz könnte Arme obdachlos machen") wird gemutmaßt: „ Mit dem Änderungsgesetz zum SGB II (17.02.2006) wurde auch die 1969 geregelte Mietschulden-Übernahme neu geregelt. Für die Übernahme der Mietschulden durch die Kommune gibt es künftig keine gesetzliche Grundlage mehr."

finanzielle Risiko für den Vermieter kann sich günstig auf den Verhandlungsspielraum des Betreuers auswirken.

Interventionsmöglichkeiten:

- Fristverlängerung mehrmals möglich, jeweils 14 Tage vor Fristablauf beantragen.
- Räumungsaufschub durch angemessene Räumungsfrist.[269] Diese ist auf maximal 1 Jahr beschränkt.
- Vollstreckungsschutz nach §765a ZPO. Verlangt spezielle Umstände als „Sittenwidrige Härte", z.B. *unzureichende Obdachlosenunterkunft, ärztlich attestiertes Suizidrisiko, lebensgefährliche Erkrankung*[270]
- Ein ärztliches Attest ist gültig auch „einen Tag vor Räumung" und hat aufschiebende Wirkung!
- „Enteignung": Stadt beschlagnahmt Mietwohnung, Mieter darf wieder einziehen, jetzt öffentlich-rechtlicher Kostenträger. Wird selten praktiziert; möglicherweise jedoch bei unzureichenden Obdachlosenunterkünften.

5.3.3.2.4. Grundschulden.

Von 2000 bis 2005 ist eine Zunahme der Zwangversteigerungstermine um 60% festzustellen.[271]

Interventionsziel: Erhalt des Eigentums

Besitzt der Betroffene Eigentum und ist verschuldet, so ist das Anwesen üblicherweise mit Grundschulden gelastet. Es droht die Zwangsversteigerung der Immobilie.

Interventionsmöglichkeiten:

- Rückabwicklung des Darlehensvertrags.

Möglicherweise stehen noch Kreditforderungen aus. Der Vertrag muss geprüft werden: Entspricht der angegebene Zinssatz dem Marktzinssatz? Ist der Vertrag als sittenwidrig zu bezeichnen, und war der Betroffene zum Zeitpunkt des Vertragsabschlusses geschäftsfähig?

Als letztes Mittel kann der Verkauf des Hauses sinnvoll sein; Hohe Unterhaltungskosten können somit eingespart werden, ggf. können (Darlehens-)Schulden beglichen werden, etwa bei Behörden oder Energielieferanten. Für die Mietwohnung des Betroffenen kommt das Sozialamt auf.

---

[269] §721 ZPO

[270] Quelle: ZIMMERMANN D. Evangelische Fachhochschule für Sozialwesen Darmstadt. *Studienschwerpunkt Schuldnerberatung* der Ev. Fachhochschule Ludwigshafen, Seminarunterlagen, 5. Semester 2004

[271] Schuldenreport 2006, S:30

Frau K. hatte vor Jahren zur Dachsanierung ihres Wohnhauses bei ihrer Hausbank ein Darlehen in Höhe von 100 000 DM aufgenommen. Die monatliche Belastung betrug 370 DM. Da Frau K. keine weiteren Sicherheiten vorweisen konnte, war auf das Wohnhaus eine Grundschuld eingetragen worden.

Die ohnehin knappe Witwenrente der Betroffenen hatte zuvor gerade so zum Leben ausgereicht.

Durch den monatlichen Bankeinzug der Rückzahlung befand sich Frau K. deutlich unterhalb des Existenzminimums. In dieser Zeit begann ihr „Überlebenskampf".

Bei Durchsicht des Kreditvertrags fiel auf, dass der Zinssatz deutlich vom damals üblichen Marktwert abweicht. Die Betreuerin bespricht die Angelegenheit mit dem Leiter der Hauptgeschäftsstelle und äußert die Vermutung, dass der Vertrag sittenwidrig sei, einmal wegen des zu hohen Zinssatzes, zum anderen „da sich der Darlehensgeber leichtfertig der Einsicht verschließt, dass sich die Darlehensnehmerin nur aufgrund ihrer wirtschaftlich schwächeren Lage, Rechtsunkundigkeit und Geschäftsunge- wandtheit auf die sie beschwerenden Darlehensbedingungen eingelassen habe".[272] Dies rechtfertige nicht nur einen Bereicherungsanspruch, sondern die Rückabwicklung des Vertrags. Im übrigen müsse die Geschäftsfähigkeit der Frau K. zum Vertragsabschluss angezweifelt werden; hierzu könnten ggf. Belege eingereicht werden.

Der Bankangestellte reagiert uneinsichtig, abwehrend und aggressiv und will sich verabschieden.

Die Betreuerin kündigt an, sich in dieser Angelegenheit an den Bankdirektor zu wenden, möglicher- weise auch an die zuständige Aufsichtsbehörde. Der Angestellte weiß aus zurückliegenden, problema- tischen Bankangelegenheiten, dass die Betreuerin ihre Ankündigung umsetzen wird und dies für ihn und die Bank nachteilig sein könnte. Er lenkt ein mit dem Ergebnis, dass der Vertrag Wochen später rückabgewickelt wird zum damals geltenden, erheblich niedrigeren Zinssatz. Die monatliche Belas- tung fällt nunmehr deutlich geringer aus, die Bank bietet sogar an, die Rückzahlungspflicht einen längeren Zeitraum ruhen zu lassen. Rd. 10 000 DM werden erstattet. Von einem Teil werden die Energieschulden beglichen, der Rest wird auf Wunsch der Betroffenen zur vorzeitigen Sondertilgung des Kredits verwendet.

Einer anderen Klientin konnte das mit Grundschulden belastete Eigenheim erhalten werden, indem mit den beiden im Haushalt lebenden, erwachsenen Söhnen Miet- und Verpflegungs- verträge abgeschlossen wurden. Die monatlichen Zahlungen bewirkten, dass Verbindlichkei- ten teilweise beglichen werden konnten und der Lebensstandard der gesamten Familie erhal- ten werden konnte.

---

[272] SCHRUTH u.a. 2003, S. 179

5.3.3.3. Schulden beim Staat

5.3.3.3.1. Schulden bei Behörden

Interventionsziel: Schuldenanstieg vermeiden

Behörden haben sog. Vollstreckungshoheit[273], d.h. diese müssen als Teil des Staates zur Durchsetzung ihrer Ansprüche nicht den Weg über das Gericht gehen. Häufig liegen bei den Betroffenen Forderungen von Behörden als öffentliche Gläubiger vor wegen nicht bezahlter Gebühren für Müll, (Ab-)wasser, Grundsteuer, Rückforderung von Darlehensforderungen oder Überzahlung von Sozialleistungsträgern etc..

Häufig liegt bereits ein Schreiben des Gerichtsvollziehers der Behörde vor.

Interventionsmöglichkeiten:

Wichtig ist das Überprüfen der einzelnen belastenden Verwaltungsakte auf ihre Rechtmäßigkeit. Ggf. müssen *Rechtsmittel* eingelegt werden. Erfolgt kein Widerspruch, wird der Leistungsbescheid grundsätzlich unanfechtbar und somit vollstreckbar.[274]

Diese Forderungen verjähren erst in 30 Jahren!

Hier gelingt es fast immer, Einigung zu erzielen und eine *Stundung* unter Verzicht auf Stundungszinsen auszuhandeln. Angebote auf Ratenzahlung, auch Kleinstraten, werden gewöhnlich akzeptiert. Jedoch Vorsicht: Jeder Stundungsantrag ist ein *Schuldanerkenntnis* im Sinne des §212 Abs.1 Nr.1 BGB und unterbricht die Verjährungsfrist![275]

Möglich sind:

- *(Teil-) erlass*, wenn – dies ist zu begründen!- der „besondere Härtefall" dies rechtfertigt.
- *Niederschlagung,* wenn die Forderungseinziehung auf Dauer erfolglos erscheint.
- Ggf. werden Mahngebühren auf Antrag erlassen.
- Bei Fristversäumnis *Wiedereinsetzung in den vorherigen Stand*, wenn die *Einspruchsfrist* von 2 Wochen ohne Verschulden versäumt wurde, etwa durch einen Aufenthalt in einem psychiatrischem Fachkrankenhaus, oder: bei Lebensumständen als „unverschuldeter Hinderungsgrund", wie: Krankhafte Störung der Geistestätigkeit, welche eine angemessene Interessenwahrnehmung verhindert (etwa während einer exzessiven Alkoholphase).
- (Beleg hier jeweils durch ärztliches Attest oder Bescheinigung des sozialpsychiatrischen Dienstes (*SpDI),* Suchtberatung u.ä..)
- Stellt sich der Sachverhalt zu kompliziert dar, ist es u.U. geboten, einen *Fachanwalt für Sozialrecht* mit der Angelegenheit zu beauftragen, welcher ggf. über PKH finanziert werden kann.

---

[273] SCHONDELMAIER/STAHL/EICHIN, S.30
[274] § 66 SGB X
[275] § 212 Abs.1 Nr.1 BGB

- Grundsätzlich sind Befreiungsanträge bei der Krankenkasse u.a. zu stellen, um die laufenden Zuzahlungskosten einzusparen.

5.3.3.3.2. GEZ

Gebühreneinzugszentrale der öffentlich-rechtlichen Rundfunkanstalten in der Bundesrepublik Deutschland

Viele Betroffene leben isoliert; das Fernsehen ersetzt die fehlenden Sozialkontakte. Wenngleich der Fernseher wegen der Bedeutung der „Teilhabe am gesellschaftlichen Leben" nicht gepfändet (wohl aber ausgetauscht werden) darf, kostet Fernsehen Geld!

Zur Gebührenbefreiung sind seit 01.01.2005 nur noch Hartz-IV- Empfänger berechtigt.

Betroffenen mit dauerndem Niedrigeinkommen, etwa aus Erwerbsunfähigkeitsrente, müssen neuerdings bezahlen. Nach Auffassung der GEZ sind somit Erwerbslose, AL-I-Empfänger, Rentner, Taschengeldbezieher in stationären Einrichtungen nach SGB VIII und SGB XII sowie Auszubildende mit Anspruch auf Leistungen nach §59 SGB III von der Befreiung ausgeschlossen, selbst bei einem Einkommen in Höhe oder unterhalb des Existenzminimums. Hingegen nennt der Rundfunkgebührenstaatsvertrag (§6 Abs.3) den „besonderen Härtefall", in dem Befreiung auch ohne Sozialleistungsbezug gewährt werden kann.[276]

Die Antragsbögen auf Befreiung sind kompliziert und das Verhalten der GEZ oft schikanös.
Folgen: Vollstreckung, Mahnkosten, Bußgeldverfahren

Interventionsmöglichkeiten:

- Widerspruch gegen Bescheid (hat nach §80 Abs.2 Nr.1 VwGO keine aufschiebende Wirkung)
- Befreiungsantrag stellen
- ggf. um Stundung, Ratenzahlung oder Erlass bitten
- Als Verhandlungspartner nicht die GEZ Köln, sondern Landesrundfunkanstalt SWR wählen; diese verhält sich der Regel moderater. (Südwestrundfunk, Neckarstraße 230, 70190 Stuttgart)
- Bei Lebensgemeinschaften muss nur einer bezahlen, Info an GEZ
- Bei Umzug ins Heim ggf. abmelden, falls Heim pauschal Gebühr bezahlt

---

[276] vgl. WENDT, „AbGEZockt- die Gebühreneinzugszentrale unterschlägt Befreiungstatbestände", BAG-SB (Bundesarbeitsgemeinschaft Schuldnerberatung) Informationen Heft 4/ 05, S.43f.

Einem „besonderen Härtefall" kann im Rahmen einer Ermessensentscheidung dennoch Gebührenbefreiung gewährt werden, wenn eine vergleichbare Bedürftigkeit auch ohne den von der GEZ benannten Voraussetzungen nachgewiesen werden kann.[277]

Ein Widerspruch kann ggf. hiermit begründet werden.

5.3.3.4. Schulden aus Prozesskosten:

5.3.3.4.1. Anwaltskosten

In laufenden Verfahren: Grundsätzliche Zusammenarbeit mit dem Anwalt des Betroffenen!

Interventionsmöglichkeiten:

- Prozesskostenhilfe beantragen
- Ggf. nachträglicher (Teil-) Erlass[278]
- Ratenzahlungen vereinbaren

5.3.3.4.2. Gerichtskosten

Interventionsmöglichkeiten

- Stundung
- Ratenzahlung
- (Teil-) Erlass
- Niederschlagung

5.3.3.5. Schulden aus Ordnungswidrigkeiten/ Strafsachen

Aus der Praxis: Bei Geldstrafen, -auflagen, Gerichtskosten ist es immer sinnvoll, sich mit dem zuständigen Richter oder Staatsanwalt persönlich in Verbindung zu setzen und die Situation des Betroffenen zu schildern. Die Einrichtung einer Betreuung kann hier als wesentliche Perspektive für ein Besserungspotential des Betroffenen gelten. Im Allgemeinen zeigen sich die Kontaktierten verständnisvoll und entgegenkommend und begegnen der vorgetragenen Bitte um finanzielle Erleichterungen mit Kulanz.

Geldbußen, Geldstrafen und Geldauflagen werden besonders häufig Suchtkranken auferlegt.

---

[277] Achter Staatsvertrag zur Änderung rundfunkrechtlicher Staatsverträge, § 6 Abs. 1 und 3; S.44,FN 5/ Begründung zum Achten Staatsvertrag, S.22

[278] § 49b BRAO

Geldbußen etwa beim Fahren ohne Fahrerlaubnis, bei Suchtkranken etwa wegen Vergehen gegen das *Betäubungsmittelgesetz (BtMG)* oder Beschaffungskriminalität.

5.3.3.5.1. Geldbuße

Interventionsziel:

Ordnungswidrigkeiten werden von der Verwaltungsbehörde mir einer Geldbuße geahndet. Bei überschuldet Betroffenen, deren Existenz bedroht ist, ist hierfür kein Geld da. Es droht die Beitreibung, als letzte Konsequenz Erzwingungshaft. für max. 6 Wochen.

Interventionsmöglichkeiten:

- Stundung

- Nachweis längerfristiger Zahlungsunfähigkeit zur Haftvermeidung

- Niederschlag anregen nach §95 II OwiG

  mit dem Ziel Vollstreckungsverjährung (§34 OwiG)

5.3.3.5.2. Geldstrafe

Interventionsziel:

Straftaten werden vom Strafrichter mit einer Geldstrafe sanktioniert. Der Strafbefehl/ Urteil weist die Anzahl und Höhe der Tagessätze aus, die sich nach dem Einkommen des Betroffenen richten. Es drohen Beitreibung bzw. Ersatzfreiheitsstrafe, die sich nach der Anzahl der Tagessätze richtet.

Interventionsmöglichkeiten:

- ggf. aktuelles bereinigtes Nettoeinkommen mitteilen, zwecks Anpassung der Tagessätze

- Einspruch

- Stundungsantrag

- Tilgung durch gemeinnützige Arbeit: Täglich 6 Stunden: *„Schwitzen statt sitzen"*

- Absehen von Vollstreckung der Ersatzfreiheitsstrafe wegen unbilliger Härte

5.3.3.5.3. Geldauflage

Die Strafe wurde zur Bewährung ausgesetzt. Bei Nichtbezahlen droht Bewährungswiderruf und Strafverbüßung oder Fortsetzung des Strafverfahrens.

Interventionsmöglichkeiten:

- Umwandlung in Arbeitsauflage

- Umwandlung in Auflage der Schadenswiedergutmachung

- Reduzierung der Geldauflage

5.3.3.6. Privatrechtliche Schulden

Auch Kleinstraten sind als Schuldanerkenntnis zu werten, die Verjährungsfrist wird unterbrochen.

Schadensminderungspflicht beachten, Kosten dürfen nicht unsinnig hoch ausfallen.

> *Aus der Praxis*: Bei Übernahme der Betreuung ist Ver- und Überschuldung beinahe die Regel. Weniger bei den Armutsschuldnern, als vielmehr bei den Krisenschuldnern, gibt es die ersten Diskussionen bei der Empfehlung, teure Verträge zu kündigen, insbesondere Handyvertrag, Premiere, Gewinnspiele, um die finanziellen Ressourcen zur Existenzsicherung einzusetzen. Auch Telefon-Gewinnspiele und 0190-Telefonnummern werfen immense Kosten auf, häufig fehlt die Einsicht der Klienten. Konflikte sind somit vorprogrammiert.

5.3.3.6.1. Kreditschulden

Kredite werden nicht nur aufgenommen um überzogene Konsumansprüche zu befriedigen, wie etwa beim Versandhandel, sondern auch, um bestehende Schulden auszugleichen. Durch die monatlichen Kreditraten wird dann das materielle Existenzminimum drastisch reduziert.
Falls die Zahlungen ausbleiben, entsteht zunehmend massiver Druck der Gläubiger auf den Betroffenen, insbesondere von diversen Inkassobüros. Dieser Druck auf den Betroffenen birgt die Gefahr weiterer *psychischer Dekompensation*.

Interventionsmöglichkeiten:

- Grundsätzlich Verjährungsfrist der Forderung prüfen!

- Bei Zahlungserinnerung: Kontaktaufnahme mit Gläubiger, Verhandlungen:

- Stundung, Kleinstraten, Erlass

- Bei Mahnung: Wie oben, bei Zahlungsmöglichkeit den Erlass der Mahngebühr beantragen

- Bei Mahnbescheid mit angreifbarer Forderung: Forderung prüfen, ggf. Widerspruch einlegen

5.3.3.6.2. Versicherungen

Interventionsziel: Individuell erforderlicher Versicherungsschutz

Viele Betroffene sind im Bereich des Privatversicherungsrechts unterversichert, was zunächst Geld einspart, im Schadensfall jedoch existenzbedrohende Folgen haben kann. Mindestversicherungen wie: Private Haftpflicht oder Hausrat, sind absolut empfehlenswert.

Seit Änderung des Rentenrechts bei Erwerbsunfähigkeit wird Jahrgängen ab 1961 dringend der Abschluss einer privaten Berufsunfähigkeitsversicherung empfohlen.

> *Aus der Praxis*: Der Berufsbetreuer hat üblicherweise kontinuierliche Kontakte zu Versicherungsgesellschaften. Entweder kündigt er Versicherungen, stellt diese um oder schließt neue Verträge ab. Günstig ist es, Versicherungen ortsnah bei einem preiswerten Anbieter abzuschließen, der dem Betreuer als „gutem Kunden" allgemeine Kulanz entgegenbringt und Sonderkonditionen einräumt. Mitglieder im Berufsverband *bdb* erhalten zudem besonders preiswerte Konditionen zur Versicherung ihrer Betreuten.

Vorhandene Versicherungen sind oft nicht dem Bedarf des Betroffenen angepasst. Entweder wurden gleichartige Versicherungen bei unterschiedlichen Anbietern abgeschlossen, etwa drei Unfallversicherungen. Oder es wurden völlig unsinnige Verträge abgeschlossen, wie etwa eine „Luxus-Premium-Hausratsversicherung" für ein verfallenes Häuschen. Die Praxis zeigt, dass viele Betroffene aufgrund ihrer einfach strukturierten Persönlichkeit oder ihrer Einsichtsunfähigkeit hier regelrecht „abgezockt" wurden.

Die Versicherungsbeiträge werden vom Girokonto abgebucht und verursachen erhebliche Schulden. Hier gilt es, regulierend einzugreifen:

Interventionsmöglichkeiten:

- Sorgfältige Durchsicht der Unterlagen.

- Aktuellen Bedarf ermitteln. (Hierfür evtl. als Interessent auftreten und eine „Beratung" bei einem Konkurrenzunternehmen wahrnehmen, um an zeitgemäße Informationen zu gelangen und vergleichen zu können)

- ggf. Widerruf bzw. Anfechtung oder Rücktritt vom Vertrag

- Beitragsfrei stellen

- Kündigung überflüssiger Versicherungen, ggf. Rückkaufswert auszahlen lassen

- Umstellen der zu teuren Versicherungen

- Bei fristloser Kündigung wegen „Sittenwidrigkeit" des Vertrags erschweren die Versicherungsagenturen erfahrungsgemäß erheblich das Verfahren. Hilfreich ist hier, dass *Bundesauf-*

sichtsamt für Finanzdienstleistungsaufsicht [279] zu informieren. Oft bewirkt bereits die Ankündigung, dieses zu tun, unerwartetes Entgegenkommen.

5.3.3.6.3. Telefongesellschaften

Das Telefon ist zur Aufrechterhaltung von Sozialkontakten und zur Abwendung von Notsituationen existentiell wichtig.

Äußerst rigide verfährt die Deutsche Telekom mit ihren Kunden. Nach Nichtbezahlen der Telefonrechnung wird eine Frist zur Zahlung benannt, ansonsten der Anschluss abgeklemmt. Jeder Neuanschluss – als solcher gilt ein „Wiederanklemmen" des abgestellten Telefons – kostet erhebliche Gebühren. Dubiose Telefonwerbung kann zur Folge haben, dass unwissentlich Verträge über teure Neuanschlüsse abgeschlossen werden.

Interventionsmöglichkeiten:

- Abschluss günstiger Standardverträge

- Rückabwicklung bestehender Verträge

- Installierung von Sperren, etwa für: Ferngespräche, Handygespräche, 0190er Nummern u.ä.

- Antrag auf Stundung bzw. Ratenzahlung

5.3.3.7.   Auswahl spezieller Interventionen

5.3.3.7.1.   Erbenhaftung

Betreute Menschen leben oftmals nicht in einem intakten Familiensystem. Bei einem plötzlichen Erbfall liegen dem Betroffenen dann keine Informationen über die Vermögensverhältnisse des Verstorbenen vor. Mit „Erben" wird meist spontan „Bereicherung" assoziiert. Das auch (zusätzliche) Schulden vererbt werden können, ist häufig nicht Gegenstand der Überlegungen.

Auch trägt der Erbe grundsätzlich die Bestattungskosten des Erblassers.

Gemäß §35 (1) SGB II besteht auch Erbenhaftung ggü. dem Sozialleistungsleistungsträger!

Generell ist bei Betreuten, die beerbt werden, sorgfältig zu recherchieren und abzuwägen.

---

[279] Bundesanstalt für Finanzdienstleistungsaufsicht (BAFin), Graurheindorfer Str. 108, 53117 Bonn, Tel. 0228-4108-0

Interventionsmöglichkeiten:

- Erbe ausschlagen, wenn der Nachlass offensichtlich überschuldet ist; dies muss vormundschaftsgerichtlich genehmigt werden. Hier sind die Fristen gem. §1944 BGB zu beachten. Wurde die Ausschlagung übersehen, so kann „der Vermögensbetreuer die Gläubiger auf die Dürftigkeit des Nachlasses verweisen, ihnen diesen zur Verfügung stellen, und die Begleichung der restlichen Schulden verweigern gem. §§1990, 1991 BGB"[280]

- Bei Unkenntnis der Vermögensverhältnisse nach Fristablauf: Zwecks „amtlicher Verwaltung" Antrag stellen beim *Nachlassgericht* zwecks *Nachlassverwaltung* bzw. *Nachlassinsolvenz.* Hier ggf. auch Beratungsmöglichkeit für weitere Interventionen.

5.3.3.7.2. Erzwingungshaft

Interventionsziel: Haftvermeidung

Grundsätzlich ist die Haftfähigkeit zu prüfen.

Die Erzwingungshaft ist „als Beugemittel ausgestaltet, um zahlungsfähige, aber zahlungsunwillige Schuldner zur Zahlung zu veranlassen".[281]

Gegen nachweislich Zahlungsunfähige scheidet Erzwingungshaft somit aus.

5.3.3.7.3. Abgabe der Eidesstattlichen Versicherung

Im Jahr 2004 wurden über 1 Mio Eidesstattliche Versicherungen abgegeben; ggü. dem Vorjahr ist somit ein Zuwachs um 4% zu verzeichnen.

Zur Abgabe der Eidesstattlichen Versicherung kann auch Haft angeordnet werden.[282]

Die Abgabe der Eidesstattlichen Versicherung ist nicht grundsätzlich vorteilhaft, kann jedoch zunächst Ruhe in die Vollstreckungsverfahren bringen und ist deshalb wegen der Entlastungsfunktion für den psychisch beeinträchtigten Betroffenen möglicherweise anzuvisieren.

---

[280] ZIMMERMANN W., 2002, S.32

[281] FRIETSCH/GROTH/HORNUNG/ SCHULZ-RACKOLL/ZIMMERMANN/ZIPF/MÜLLER 2003, Kap.4, S.43

[282] Schuldenreport 2006, S.29

6. Falldarstellung: Herr W.

Während es sich bei *Frau K.* um eine „Armutsschuldnerin" handelt, ist *Herr W.* den „Krisen-schuldnern" zuzuordnen. Differenziert wird in diese beiden Kategorien in dem Buch: *Kritische Lebensereignis und Verschuldungskarrieren, Dr. Gerd Ritter.*

Meist unterscheiden sich hier die Ursachen sowie die Art der Überschuldung grundlegend und beeinflussen somit auch den Verlauf der Betreuung entsprechend.

Ist beim „Armutsschuldner" die Schuldenregulierung eingeleitet und sind die Möglichkeiten zur Verbesserung der Lebenslage ausgeschöpft, so „läuft" die Betreuung meist ohne gravierende Probleme- zumindest im Bereich der *Vermögenssorge.*

Anders beim Krisenschuldner. Die Lebenskrise ist nicht nur Auslöser der Betreuungsbedürftigkeit und der Überschuldung, sondern auch während der Betreuung bestimmen Krisen oft kontinuierlich den Verlauf. Mitunter kann lediglich eine Schadensbegrenzung realistisches Planungsziel sein, bisweilen geht es tatsächlich ums pure Überleben.

Einen typischen „Betreuungsfall" eines Berufsbetreuers stellt die *Betreuungsangelegenheit Herrn W.* dar. Aufgrund seiner schweren Krankheitsausprägung, seiner ungünstigen Prognose sowie der Unfähigkeit zur Lebensgestaltung und ist absehbar, dass es hier etlicher Interventionen bedarf, die auch langfristig immer wieder Kriseninterventionen sein können.

Besonders herausgearbeitet wurden folgende Kriseninterventionen:

- Durchführung einer E n t m ü l l u n g
- R e c h t s s t r e i t Telefongesellschaft T. ./. Herrn W. sowie Betreuerin

Die nachfolgend ausgeführten Interventionen stellen typische Eingriffe innerhalb eines Betreuungsverlaufs dar. Vermutlich sind sie nahezu jedem Berufsbetreuer in ähnlicher Weise bekannt. Enthalten sind zivilrechtliche, sozialrechtliche und strafrechtliche Aspekte.

6.1. Biografie

Herr W., 39 Jahre alt. Aufgewachsen im „gutbürgerlichen" Elternhaus, beide Eltern Alkoholiker. Die im Haushalt lebende Großmutter übernimmt im Wesentlichen die Erziehung des Jungen. Alkoholprobleme bereits in der Jugendzeit. Nach dem Abitur Jurastudium, dieses wird abgebrochen. Ausbildung zum Einzelhandelskaufmann und Fremdsprachenkorrespondent mit Abschluss. Hohe Affinität zum „Rotlichtmilieu", zeitweise als Zuhälter tätig. Vorübergehend Kontakte zur rechtsradikalen Szene, wird delinquent.

Die Mutter verstirbt an den Folgen der Alkoholsucht, der Vater ist mittlerweile trockener Alkoholiker.

➢ Die genetische Übertragbarkeit der Sucht, vor allem der Alkoholabhängigkeit, ist weitgehend sicher. Das Risiko für eine Alkoholabhängigkeit ist 2-3x höher bei Angehörigen von Alkoholabhängigen.[283]

Herr W. heiratet eine wesentlich ältere Frau, welche ihm intellektuell deutlich unterlegen ist. Diese ist jedoch sehr lebenspraktisch und „managt" ihren Ehemann.

Herr W. stellt inzwischen das Vollbild eines Alkoholikers dar. Er verliert wiederholt seine Arbeitsstelle, der Kontakt zum Vater wird abgebrochen. Als die Großmutter sich weigert, dem Enkel Geld zu schenken, schlägt Herr W. diese zusammen und stößt sie die Treppe hinunter. Auch die Ehefrau wird regelmäßig geschlagen. Nach Jahren verlässt diese ihren Mann und zieht zu ihrem neuen Liebhaber. Herr W. verlässt die Wohnung kaum noch und trinkt exzessiv Alkohol über viele Monate hinweg.

Als die Ehefrau etwas aus der Wohnung holen will, findet sie Herrn W. bewusstlos vor und ruft den Rettungsdienst. Herr W. wird auf die Intensivstation verlegt. Gemessen werden knapp 6 Promille Blutalkohol. Der Sozialdienst des Krankenhauses veranlasst die Anordnung einer Betreuung.

6.2. Situation bei Übernahme der Betreuung

Das Vormundschaftsgericht Rockenhausen ruft an und fragt, ob ich bereit sei zur Übernahme einer Betreuung in Eisenberg. Der Betroffene sei schwer alkoholkrank, es müsse schnell etwas passieren. Ich sage zu, die Betreuung zu übernehmen. Der Beschluss vom 13.02.2001 wird am nächsten Tag zugestellt. Als Begründung für die Anordnung einer Betreuung wird genannt: *„Suchterkrankung (Alkohol), Adynamie bei Exikkose und V.a. Anämie".* Aufgabenkreise: *Gesundheit, Aufenthalt, Vermögen.*

Unter der im Telefonbuch angegeben Nummer meldet sich niemand. Am nächsten Tag fahre ich zur angegebenen Adresse. Keiner öffnet. Ich werde eine Nachricht in den Briefkasten. Mit dem Betreuerausweis spreche ich bei der örtlichen Sparkasse vor sowie in der Volksbank. Herr W. ist dort nicht bekannt. Am nächsten Tag fahre ich noch einmal nach Eisenberg, jedoch ohne den Betroffenen anzutreffen. Rein vorsorglich rufe ich beim *Kreiskrankenhaus Grünstadt* an sowie im *Westpfalz- Klinikum*. Der Betroffene ist dort nicht erfasst. Ich informiere das Vormundschaftsgericht vom Sachverhalt.

Am 07.03. ruft die Sozialarbeiterin des Kreiskrankenhauses Grünstadt an. Herr W. werde seit 14.02. wegen Alkoholintoxikation stationär behandelt. Ich fahre in die Klinik, stelle mich dem sehr beeinträchtigt wirkenden Betroffenen vor und führe ein Gespräch mit der Sozialarbeiterin, die Herrn W. aufgrund zahlreicher zurückliegender Krankenhausaufenthalte sehr gut kennt. Derzeit sei nichts wesentliches zu regeln. Nach seiner Entlassung bräuchte Herr W. engmaschige Kontrolle; die Prognose sei schlecht.

Mit dem behandelnden Arzt wird ein Gespräch geführt. Dieser kennt Herrn W. seit 1993; wegen dessen Leberzirrhose und weiteren alkoholbedingten Erkrankungen waren immer wieder Akutbehandlungen notwendig.

> - In der BRD leben schätzungsweise bis 2 Mio Alkoholkranke; 2/3 davon sind Männer[284].
> - WETTERLING[285] geht von etwa 2,5 Millionen alkoholabhängigen Betroffenen aus
> - Alkoholismus ist die 2-häufigste Einweisungsdiagnose für das Krankenhaus. Der Krankenkasse entstehen jährliche Kosten i.H.v. 12 Mill €.[286]
> - Der größte Teil der Abhängigen, die in eine Klinik kommen, werden wegen körperlicher Beschwerden auf eine internistische oder chirurgische Station eingewiesen.[287]
> - Die Peävalenz von Alkoholikern auf diesen Stationen wird auf 10-20% geschätzt. Jedoch bestehen dort keine spezifischen Therapieangebote für Abhängige; diese werden auch nur von wenigen Betroffenen angenommen.[288]

---

[283] EBERT/LOEW 2003, S.143

[284] BROCKEMÜHL W. (AOK) Symposium *Psychosoziale Versorgung in Rheinland-Pfalz*, MDK Alzey, Alzey am 09.11.2005

[285] BtPrax 3/95, S.86

[286] BROCKEMÜHL W. (AOK), Alzey am 09.11.2005

[287] vgl. auch WIENBERG G.(1992), Struktur und Dynamik der Suchtkrankenversorgung in der Bundesrepublik- ein Versuch, die Realität vollständig wahrzunehmen. Wienberg /Hrsg.) Die vergessene Mehrheit. Psychiatrie- Verlag, Bonn, S.12-60

[288] WETTERLING/VELTRUP/ NEUBAUER, BtPrax 3/95, S.86

Herr W. wurde im PC der Krankenhausverwaltung versehentlich unter einem falschen Namen geführt. Aus diesem Grunde konnte meine damalige Anfrage nicht zutreffend beantwortet werden. Wegen. eventueller haftungsrechtlicher Ansprüche bitte ich die Sozialarbeiterin, bei dieser Auskunft zugegen zu sein, um diese ggf. bezeugen zu können.

Am 08.03. ruft das Kreiskrankenhaus an. Herr W. ist entlassen worden. Beim Ausfüllen des Transportscheins ist aufgefallen, dass Herr W. nicht krankenversichert ist. Er habe auch keinerlei Bargeld, ich solle ihn deshalb abholen.

> Wie in Kap. 2.3.1.,S. 22: *„Das Wesen rechtlicher Betreuung"*, dargelegt, ist es Aufgabe des Betreuers, die Angelegenheiten des Betroffenen *rechtlich* zu besorgen. Somit ist die Aufgabenstellung grundsätzlich vom *faktischen* Tun abzugrenzen. Jedoch können in der Praxis Situationen auftreten, die, orientiert an der Besonderheit des Einzelfalls, die tatsächliche Erledigung erforderlich machen. So auch hier: Die Organisation eines Krankentransports ohne finanzielle Mittel war nahezu undenkbar. Öffentliche Verkehrsmittel waren dem Betroffenen aufgrund seines Schwächezustands nicht zuzumuten. Das Stadtkrankenhaus befindet sich in der Region, mein eigener Zeitaufwand war deshalb überschaubar. So werden in der Betreuungsarbeit immer wieder tatsächliche Angelegenheiten erledigt, weil realisierbare Alternativen fehlen. Fraglich bleibt hier die Vergütungsfähigkeit; jedoch bestehen diese problematischen Regelungen durch die pauschalierten Vergütung seit 01.07.2005 nicht mehr.

Herr W. ist gesprächig und drückt sich gewählt aus. Er ist abgemagert, zittrig, gestikuliert unkoordiniert und scheint noch sehr schwach zu sein. Er beklagt den Auszug seiner Ehefrau aus der ehelichen Wohnung. Von ihr habe er weder die neue Adresse, noch eine neue Handynummer.

> Herr W. verhält sich einerseits recht distanzlos; ein typisches Verhalten bei Alkoholkranken. Beispielsweise bietet er mir sofort das „Du" an. Andererseits stellt er viele Forderungen. „Und dann müssen Sie…!" Ziel ist, eine vertrauensvolle Arbeitsbeziehung herzustellen. Ich teile Herrn W. mit, dass ich ihn nicht duzen werde und verzichte zunächst darauf, seine Forderungen kritisch zu hinterfragen. Grundsatzdiskussionen erscheinen mir während dieser ersten „Kennenlernphase" und aufgrund des offensichtlich noch deutlich angeschlagenen Gesundheitszustands des Betroffenen nicht angebracht.

Die Mietwohnung in einem anonymen Wohnkomplex ist völlig verwahrlost. Lediglich das Schlafzimmer befindet sich in bewohnbarem Zustand.

Wasser und Strom sind überraschenderweise vorhanden. Es befindet sich nichts essbares in der Wohnung. Über Geld verfügt der Betroffene nicht. Er kann keine Einkünfte benennen und sich auch nicht daran erinnern, wie er sich in den vergangenen Monaten versorgt hat. Ein „Freund" wird erwähnt, Herr S. Dieser habe gelegentlich für ihn eingekauft, auch Schnaps. Seine Frau habe ihm ab und zu essen gebracht.

Wie sich herausstellte, hatte Herr W. monatelang volltrunken in seiner Wohnung „dahinvegetiert", außerstande, sich um irgendetwas zu kümmern. In diesem lebensgefährlichen Zustand sind, trotz schriftlicher Aufforderung , keine Folgeanträge auf Sozialleistungen gestellt worden, so dass die Zahlungen eingestellt worden sind.

> Gem. §31 SGB II- *Absenkung und Wegfall des AL II*- wird etwa das Arbeitslosengeld in bis zu drei Stufen auf 0 gekürzt, wenn der Berechtigte die Mitwirkung verweigert. Voraussetzung hierzu ist jeweils die Belehrung über die Rechtsfolgen- ein psychisch schwer kranker, allein lebender Betroffenen öffnet in der Regel seine Post nicht mehr.
> Ein Existenzminimum ist somit nicht mehr gewährleistet.
> Gem. §31 Abs. 1 Satz 2 gilt dies nicht, wenn der Hilfebedürftige einen wichtigen Grund für sein Verhalten nachweist. Eine psychische Erkrankung, deren Ausprägung gar Anlasserkrankung für eine Betreuerbestellung war, ist als wichtiger Grund zu würdigen. Der Betreuer regelt dies mit der zuständigen Behörde; die Zahlungen werden fortgesetzt.
> (vgl. Kap. 1.4., *Der Betreuer als Garant für Sozialleistungsansprüche*)

Umgehend stellen wir auf dem zuständigen Sozialamt persönlich einen Antrag auf Sozialhilfe. Es ist Freitagmittag, das Amt schließt gleich. Ein Barscheck über 100 DM wird ausgestellt. Wir gehen in einen Discounter und kaufen Lebensmittel und eine Stange Zigaretten ein. Herr W. kann kaum laufen. Beim Ausladen ist er zu schwach, eine Milchtüte in die erste Etage zu tragen.

> Herr W. ist in schlechter körperlicher Verfassung. Unklar ist, weshalb er in diesem Zustand entlassen worden ist, m.E. bestehen noch immer Entzugssymptome. Ich schlage deshalb dem Betroffenen vor, die Behandlung fortzusetzen. Nach objektiven Kriterien wäre er in der Klinik weitaus besser aufgehoben als alleine in der verwahrlosten Wohnung. Dies lehnt Herr W. jedoch entschieden ab.
> Eindeutig ist Herrn W. zumindest ein natürlicher Wille zuzugestehen. (vgl. Kap. 2.3.3.)

Er will unbedingt in seiner Wohnung bleiben. Da keine erhebliche konkrete Gefahr absehbar ist, orientiere ich mich am subjektiven Wohl des Betroffenen gem. §1901 Abs.3 BGB. Sicherheitshalber vereinbare ich jedoch, dass noch abends der Hausarzt aufgesucht wird.

Telefonisch frage ich im Krankenhaus nach, weshalb Herr W. bereits entlassen worden ist. Der Stationsarzt erklärt, dass die Werte des Betroffenen soweit im Normbereich seien und zur weiteren Behandlung keine Veranlassung bestanden hätte, zumal der Patient nach Hause wollte.

➤ Ein häufig auftretendes Problem besteht darin, dass die Mitarbeiter einer Krankenstation vom Bestehen einer rechtlichen Betreuung zwar wissen, aber nicht entsprechend handeln. Von der bevorstehenden Entlassung des Herrn W. hätte ich als gesetzliche Vertreterin im Aufgabenkreis *Gesundheitsfürsorge* informiert werden müssen, zumal dies auch relevant ist für das *Aufenthaltsbestimmungsrecht.* (Alkoholkranke Betreute, die ohne Kenntnis des Betreuers entlassen werden, besuchen etwa unmittelbar danach eine Weinfest o.ä.). Beim Betreuten einer Kollegin kam es hierbei zu einem Todesfall durch Alkoholintoxikation. Auch wenn hier das Selbstbestimmungsrecht gewürdigt wird (siehe Kap. 2.3.7.3., so haben Mitglieder des personalen Netzwerks des Betroffenen, also Angehörige, Mitarbeiter aus (psychiatrischen) Einrichtungen oder rechtliche Betreuer, ohne Kenntnis der Entlassung keine Chance, den Betroffenen durch diese kritische Phase, die der Entlassung nach einer Entgiftungsbehandlung folgt, zu begleiten und schwere Selbstschädigung zu verhindern.)

Zwar hätte ich die Entlassung des Herrn W. nicht verhindern können, wenn der behandelnde Arzt diese befürwortet und der Betroffene auf die Entlassung besteht. Jedoch hätte ich Einfluss nehmen können auf eine Fortsetzung der Behandlung, wenn mir diese erforderlich erschienen wäre.

Ein paar Briefe liegen herum: KFZ- Steuer soll bezahlt werden für einen PKW; Herr W. erklärt, dieser sei ihm von Herrn S. geklaut worden. Eine Abmahnung des Vermieters wegen der Vermüllung. Mehr nicht. Herr W. kann sich nicht daran erinnern, weitere Post erhalten zu haben.

➤ Nach dem Einkauf verblieb Herr W. alleine in seiner Wohnung. Ich habe ihn mit einem sehr ungutem Gefühl dort zurück gelassen und das auch thematisiert. Eine voraussehbare konkrete Gefährdung von dessen Wohl bestand in der Möglichkeit, bei der unweit entfernten Tankstelle Alkohol zu konsumieren. Zum einen jedoch war Herr W. körperlich entgiftet, was die Fähigkeit zur Abstinenz erhöht. Andererseits gehörte Alkoholkonsum in den Lebensentwurf des Betroffenen. Im Sinne einer Nutzen-Risiko-Entscheidung gab der ausdrückliche Wunsch des Herrn W., in der Wohnung zu verbleiben, den Ausschlag; Wünsche der Betreuten sind mitunter mit Risiken verbunden. (Vgl. Kap. 2.3.3.1.) Ich wollte Herrn W. diese Autonomie zugestehen, zumal ich bisher über keine persönlichen Erfahrungen mit seinem (Sucht-)Verhalten verfügte; sollte er sich tatsächlich gefährden, obwohl er das Verlangen nach Alkohol ausdrücklich von sich wies, so könnte eine nächste Entscheidung wegen des erheblichen Risikos einer Eigengefährdung möglicherweise anders ausfallen.

Auch hier stellt das gemeinsame Einkaufen ein faktisches Tun dar. Wieder mangelte es an Alternativen. Einerseits stand keine andere Hilfsperson zu Verfügung. Andererseits wäre es unverantwortlich gewesen, dem Betroffenen das vom Sozialamt ausgehändigte Geld zu überlassen. Zu groß wäre der Anreiz gewesen, dieses sogleich „zu vertrinken". Der Einkauf wurde somit in Wahrnehmung der *Gesundheitsfürsorge* gemeinsam durchgeführt und nach Prüfung der Angelegenheit auch aus der Staatskasse vergütet.

11.03. Herr W. ruft mich an, seine Ehefrau habe eine Kiste voll mit Post gebracht.
Im Flur stehen jetzt auch original verpackte Elektrogeräte und Unterhaltungselektronik- diese hatte die Ehefrau vorübergehend an sich genommen.
Ich sichte die seit fast zwei Jahren ungeöffnete Post. Es handelt sich im Wesentlichen um Rechnungen und Vollstreckungsbescheide. Gläubiger sind im Wesentlichen Versicherungen, Behörden, Inkassofirmen, Telekom, Premiere, Mobiltelefon, Versandhäuser, ein Discounter für Unterhaltungselektronik. Weiter eine Abmahnung wegen der Mietschulden sowie des vertragswidrigen Zustands der Wohnung durch Verschmutzung und der bestehenden Brandgefahr.
Ein Brief eines Autohauses; ein neuer PKW soll abgeholt werden. Kaufpreis: 27 700 DM.
Die Gesamtschulden betragen rd. 28 000 DM.

➢ Herr W. konnte trotz seiner krankheitsbedingten Defizite genau unterscheiden, wie sehr seine derzeitige defizitäre materielle und soziale Lebenslage sich von den vergangenen, „besseren Zeiten" unterschied. Trotz seiner chronischen Erkrankung war Herr W. lange Jahre einer vollen Beschäftigung sowie diversen Nebenjobs nachgegangen und hatte gut verdient. Von den Einnahmen hatte es seinen hohen Lebensstandard finanziert.

Wie im Kap. 3.1., *Die Frage nach den Zusammenhängen* beschrieben, korrelieren schwerwiegende chronische und psychische Erkrankungen häufig mit Einschränkungen der Arbeitsproduktivität und Lebensgestaltung und führen somit zu einer drastischen Verschlechterung der sozio-ökonomischen Lebenslage. Strukturen verfestigter Armut sind überdurchschnittlich häufig bei Suchtkranken anzutreffen.[289]

Mit der wiederholten Erwähnung seines Abiturs und seines Jurastudiums kompensiert Herr W. vermutlich ein Statusproblem. Kompensatorisch sind auch die vielen Einkäufe der prestigeerhöhenden Konsumartikel zu werten. Siehe hierzu Kap.3.4.1. bis 3.4.2..

Ein paar Tage später wird ein Haftbefehl zur Erzwingung der eidesstattlichen Versicherung zugestellt. Ich lasse mich von einem Schuldnerberater aufgrund einer anonymen Fallschilderung beraten, ob dies auch zum Nachteil des Betroffenen sein kann. In diesem Fall, so der Sozialarbeiter der Beratungsstelle, sei dies jedoch nur vorteilhaft.

Mit Herrn W. suche ich den Obergerichtsvollzieher auf. Herr W. gibt die Eidesstattliche Versicherung ab. (Hierzu Kap. 5.3.3.7.3.)

Beim Amtsgericht R. beantrage ich Erweiterung der Aufgabenkreise um *Behördenangelegenheiten, Entgegennahme und Öffnen der Post* sowie *Einwilligungsvorbehalt auf die Vermögenssorge.*

> Herr W. war gegenwärtig außerstande, sich um seine Angelegenheiten innerhalb der beantragten Aufgabenkreise zu kümmern. Dies räumte er auch ein. Die Anordnung eines Einwilligungsvorbehalts war hier eindeutig erforderlich, um die weitere Verschuldung durch den Abschluss weiterer Rechtsgeschäfte und somit eine erhebliche Eigengefährdung zu verhindern.
> Gegenüber den Gläubigern könnte zunächst mit Geschäftsunfähigkeit i.S. der §§104 (2), 105 BGB argumentiert werden. (Vgl. Kap. 2.3.7.1.)

6.3. Vorläufige Betreuungsplanung

6.3.1. Kurzfristige Interventionen

Im Vordergrund steht hier die Existenzsicherung.

Die Kooperation mit dem Betroffenen ist in dieser ersten Phase häufig nur eingeschränkt möglich, ein umfassender „*Defizitausgleich*" (siehe Kap. 2.1.) durch den Betreuer kennzeichnet diese erste Interventionsphase.

---

[289] Lebenslagen in Deutschland- Zweiter Armuts- und Reichtumsbericht 2005. S.136

<u>Konkret:</u>

- Kontakt zu Hausarzt

- Entgiftung

- Entmüllung

- Klärung der Sozialleistungsansprüche

- Antrag beim Sozialamt Abtl. Krankenhilfe auf Übernahme der Krankenhauskosten und Krankenversicherung

- Antrag bei AOK auf Versicherung (war dort bis 9/00 versichert)

- Anfrage Arbeitsamt, ob Ansprüche bestehen

- Antrag bei LVA auf Langzeittherapie

- Ernährung sichern

- Brandgefahr reduzieren (Aufklärung, Rauchmelder etc.)

- Telefon einrichten

- Einrichtung eines Girokontos

- Keine Auszahlung von Bargeld

- Gemeinsame Einkäufe

- Einwilligungsvorbehalt sowie Behörden- und Postangelegenheiten.

- Schreiben an Autohaus, begründe Nichtigkeit des Kaufvertrags mit Zustand der Geschäftsunfähigkeit nach §104 BGB.

- Konsumgüter werden nach Anschreiben unfrei an Hersteller zurück geschickt

- Abschluss einer Haftpflichtversicherung

- Einleitung der Schuldenregulierung

6.3.1.1. Umsetzung der kurzfristigen Inventionen

Mit dem Hausarzt Dr. B. wird Kontakt aufgenommen. Dieser kennt Herrn W. erst seit kurzem. Der vorhergehende Arzt, Dr.S., kennt Herrn W. aus der gemeinsamen Schulzeit und äußert eine sehr schlechte Prognose. Schon in den Schulpausen habe Herr W. regelmäßig Alkohol zu sich genommen.

Mit Herrn W. wird vereinbart, sich im Laufe der Woche nochmals beim Hausarzt vorzustellen. Die Praxis befindet sich in unmittelbarer Nähe zur Wohnung des Betroffenen, diese Aufgabe ist zu bewältigen.

Sozialhilfe wird als Darlehen gewährt. Nach Antragstellung Übernahme der Mietschulden.

➢ Dem ging ein umfassendes Procedere voraus. Die zuständige Sachbearbeiterin äußerte ihr Erstaunen wegen „dieser sonderbaren Antragstellung"; jedoch besteht gem. SGB XII, §34 Abs.1 Satz 1, *HzL in Sonderfällen,* Anspruch auf Übernahme der Schulden, wenn dies zur Sicherung der Unterkunft gerechtfertig ist, etwa weil sonst Wohnungslosigkeit einzutreten droht.

Weiterer Antrag beim Sozialamt auf Kostenübernahme zur Entmüllung und Teilrenovierung sowie Teilausstattung mit Möbeln.[290] Ein Hausbesuch des Sozialamtes wird durchgeführt; drei Kostenvoranschläge für die Durchführung der Entmüllung sollen eingereicht werden.

Ich benenne einen versierten, preiswerten Entrümpler, der dem Sozialamt bekannt ist, und verweise auf die Dringlichkeit der Angelegenheit. Auf die Vorlage der Kostenvoranschläge wird nunmehr verzichtet, und die Zusage der Kostenübernahme erteilt.

➢ **Herausarbeitung der Intervention I: „Durchführung einer Entmüllung"**
In Kapitel 6.4.1.

Herr W. teilt mit, seine Ehefrau habe ihn aufgesucht und einen Tag lang geputzt.

Das Arbeitsamt prüft die Ansprüche des Betroffenen. Das auszufüllende Formular kann nicht vollständig ausgefüllt werden, da Herr W. weder seine früheren Arbeitgeber benennen kann, noch den Zeitrahmen früherer Beschäftigungen.

Die Symptome einer chronischen Alkoholabhängigkeit sind deutlich ausgeprägt. Wenngleich die kognitiven Defizite des Betroffenen nicht gleich erkennbar sind, so weisen doch die erheblichen Gedächtnislücken darauf hin.

Brief an die LVA zur Klärung der Angelegenheit.

AOK Neustadt lehnt Wiederaufnahme ab. AOK Grünstadt stimmt nach Antragstellung Mitversicherung durch die Ehefrau zu. Die Abteilung *Krankenhilfe* des Sozialamts der Kreisverwaltung Donnersberg übernimmt auf Antrag die Kosten der zurückliegenden Krankenhausbehandlung.

Ein Girokonto wird nach anstrengenden Verhandlungen und Verweis auf die *Empfehlungen des Zentralen Kreditausschusses „Girokonto für jedermann"*[291] eingerichtet. Der Betroffene

---

[290] War nach dem BSHG möglich; hier gibt es durch die neue Gesetzgebung teilweise Einschränkungen

[291] Zentraler Kreditausschuss: Mitglieder: Bundesverband der deutschen Volksbanken und Raiffeisenbanken e.V. Berlin; Bundesverband deutscher Banken e.V. Berlin; Bundesverband öffentlicher Banken Deutschlands

ist dem Geldinstitut- Sparkasse- als früherer Kunde bekannt, sein Girokonto wurde in der Vergangenheit gekündigt. Gründe: Kontopfändung (siehe Kap. 5.3.3.1.1.) und „unangemessenes Auftreten" in der Filiale.

Der Vormundschaftsrichter ruft an. Die Anhörung des Herrn W. habe ihn dazu veranlasst, den Einwilligungsvorbehalt auf *alle* erforderlichen Aufgabenkreise anzuordnen. (siehe Kap. 2.3.1. sowie 2.3.2.)

Neuer Beschluss über die Aufgabenkreise *Gesundheitssorge, Vermögenssorge, Aufenthaltsbestimmungsrecht, Behördenangelegenheiten, Entgegennahme und Öffnen der Post, Einwilligungsvorbehalt auf alle Aufgabenkreise* wird zugestellt.

> ➢ Die Anordnung eines Einwilligungsvorbehalts im Bereich der *Personensorge* „kommt nur in sehr seltenen Fällen in Betracht".[292] Die Anordnung eines Einwilligungsvorbehalts auf alle Aufgabenkreise ist äußerst selten.

Weiterer Verlauf:

01.04. Herr F., Jurist bei der Rechtsabteilung der Telefongesellschaft T., ruft an und setzt mich davon in Kenntnis, dass seit dem 15.02.01 Schulden aufgelaufen sind in Höhe von rd. 8 000 DM. Das Telefon sei ab sofort gesperrt.

> ➢ **Herausarbeitung der Intervention II „Rechtsstreit gg. Telefongesellschaft T."** In Kapitel 6.4.2.

Herr F. sagt zu, umgehend die Einzelverbindungsnachweise zu faxen sowie vorhergehende Telefonrechnungen. Ich faxe den neuen Betreuerausweis mit dem Einwilligungsvorbehalt sowie ein Anschreiben mit Hinweis auf das Vorliegen einer Geschäftsunfähigkeit nach §104 BGB auch für die Vergangenheit, sage eine Bestätigung über die Zeit des Klinikaufenthaltes zu und schließe mit einen Verweis auf die das „Mitwirken an der Sittenwidrigkeit von Telefonsex". Diese Unterlagen liegen mir aus einer ähnlichen Angelegenheit vor.[293]

---

e.V. Berlin; Deutscher Sparkassen- end Giroverband e.V. Berlin- Bonn; Verband deutscher Hypothekenbanken e.V. Berlin.

Kundenbeschwerdestellen, z.B. der *Sparkassen:* Deutscher Sparkassen- und Giroverband, Charlottenstraße 47, 10117 Berlin

[292] vgl. JÜRGENS/KRÖGER/MARSCHNER/WINTERSTEIN 2002, S.34, Rz 99

[293] OLG Stuttgart, OLG Düsseldorf: Telefonrechnung ist rechtswidrig und muss nicht bezahlt werden- Quelle:

Die Telefonrechnungen der vergangenen Monate waren unauffällig. Einzugsermächtigung wurde erteilt auf ein Konto der Postbank Ludwigshafen, Eheleute W.

Die Summe in Höhe von rd. 8 000 DM ist aus stundenlangen Telefonaten auf „0190" entstanden. Herr W. streitet ab, diese Rufnummer zu kennen. Ein Kumpel habe immer mal wieder ein paar Tage bei ihm gewohnt und der habe auch einen Hausschlüssel. Vielleicht sei der Kumpel auch während seiner stationären Behandlung in seiner Wohnung gewesen. Ganz sicher sei er einige Tage nach seiner Krankenhausentlassung bei ihm gewesen, da habe er sich so einsam gefühlt. Der Kumpel hieße „Whisky- Willie" und wohne eigentlich in Norddeutschland. Dort sei er jetzt auch wieder. Eine Adresse habe er nicht.

Herr W. räumt ein, wieder Alkohol zu trinken. Mit einer Entgiftung während der Entmüllung ist er einverstanden.

> ➤ Eine Entgiftung dauert etwa eine Woche. Ohne weitere Behandlung sind nach einem Jahr weniger als 3% der Alkoholabhängigen abstinent. 40% sind nach acht Jahren verstorben.[294]

- Ein Handy für 1 DM wird gekauft mit Telefonkarte.
- Sämtliche Gläubiger werden angeschrieben.
- Zwischenbericht an das Vormundschaftsgericht.

Weiterer Verlauf:

Herr W. behauptet wiederholt, dass ihm Wertgegenstände abhanden gekommen sind. Herr S., ein bekannter Makler aus G. und früherer Kumpel von ihm, hätte diese entwendet. Auch habe Herr S. ihn um sein von der Großmutter geerbtes Eigenheim gebracht.

Herr S. habe ihn fortwährend mit *Melissengeist* abgefüllt, und in diesem Zustand habe er alles unterschrieben.

Die Ehefrau ist mittlerweile zurückgekehrt und hat die eheliche Lebensgemeinschaft wieder aufgenommen, „weil sie durch die Betreuung ihres Mannes nicht mehr alleine dasteht". Sie bestätigt die Angaben von Herrn W. Ansonsten versorgt sie ihren Ehemann und wird mir eine wichtige Kooperationspartnerin.

Entscheidung OLG Stuttgart: Neue Juristische Wochenschrift, Rechtssprechungsreport 1999, 1430/ Entscheidung OLG Düsseldorf: Multimedia und Recht 1999,556, aus: c`t 2001, Heft 10, S.212; Offensichtlich hat sich lt. aktueller Medienberichterstattung die Rechtssprechung in der Zwischenzeit verändert

[294] MANN K.F., Ärztlicher Direktor Klinik für Abhängiges Verhalten und Suchtmedizin, Zentralinstitut für seelische Gesundheit, Mannheim. .Symposium Psychosoziale Versorgung in Rheinland-Pfalz, MDK Alzey, Alzey am 09.11.2005

> ➢ Eine psychische Erkrankung ist mitbedingt durch Belastungen im sozialen Netzwerk eines Menschen.[295] Im deutlich verarmten personellen Netzwerk nimmt Frau W. für den Betroffenen eine sehr bedeutende Position ein. Durch die Ehefrau erfährt Herr W. beträchtliche emotionale und soziale Unterstützung. Eine Beziehung zu einem psychisch Kranken Menschen aufrecht zu erhalten, ist sehr anspruchsvoll und belastend. Frau W. litt deutlich unter dem krankheitsbedingten Verhalten ihres Mannes, hatte sich aber dazu entschlossen, ihm beizustehen.
> Im Sinne von Netzwerkintervention (Kap 4.4.2./ 4.4.2.2./ 4.4.2.3.) sah ich es als meine Aufgabe an, innerhalb der Fallgestaltung auch zur Ehefrau des Betroffenen ein Vertrauensverhältnis aufzubauen, sie beratend zu unterstützen, ihre Position zu stärken und somit auch zur weiteren Stabilisierung des Betroffenen beizutragen.

> ➢ Es reicht nicht aus, den Betroffenen mit seinen Stärken und Defiziten „isoliert" zu sehen; die *systemische Perspektive* darf nicht außer acht gelassen werden.[296] Um die Erfolgsaussichten einer Betreuung einschätzen zu können, muss der Blick auch wesentlich auf das (Familien-) System gerichtet werden, in dem der Betroffenen lebt. Auch die Betreuungsplanung hängt davon ab.

Das Sozialamt kürzt die monatliche Sozialhilfe um 200 DM, weil die Ehefrau einen PKW unterhält.

Ich lege Widerspruch ein und begründe diesen u.a. damit, dass Herr W. unter einer chronischen, derzeit auch akuten und operationsbedürftigen Thrombose in den Beinen leide; die langen Transportwege mit öffentlichen Verkehrsmitteln seien deshalb nicht zumutbar. Die Ehefrau, welche den PKW dringend für ihren Job in der Gastronomie benötige, fahre den Betroffenen regelmäßig zu Terminen bei Ärzten und Behörden.

Der Widerspruch wird abgelehnt. Ich halte den Widerspruch aufrecht. Der Kreisrechtsausschuss der Stadt K. verhandelt und weist den Widerspruch ab.

Bevor weitere Rechtsmittel eingelegt werden, verkauft Frau W. den PKW. Kurz darauf wird sie arbeitslos.

Der Revisor des LG Kaiserslautern beanstandet den hohen Stundenaufwand der ersten drei Monate und fordert eine Stellungnahme an. Daraufhin wird die Vergütung aus der Staatskasse in vollem Umfang angewiesen.

---

[295] vgl.RÖSSLER (Hrsg.) 2004, Kap. 1, S.9
[296] vgl. Forum: Die Rolle des Betreuers, BtPrrax 6/96, S.201

6.3.2. Mittelfristige Interventionen

Möglicherweise verfügt der Betroffene bereits wieder über ein gewisses Selbsthilfepotential. Diese Ressourcen sind zu nutzen, der Betroffene ist in Entscheidungsprozesse im Rahmen seiner Möglichkeiten aktiv mit einzubeziehen.

Konkret:

- Stabilisierung der Alkoholerkrankung
- Langzeittherapie
- Eingliederungsmaßnahme
- Selbständiges Verfügen über eingeteiltes Bargeld
- Klärung des Hausverkaufs

6.3.2.1. Umsetzung der Interventionen

Herr W. tritt die Therapie in der *Fachklinik Eußerthal* an. Bei einem Besuch nach vier Wochen Behandlung treffe ich Herrn W. in erfreulichem Zustand an. Er ist kaum mehr wiederzuerkennen, pflegt sich, hat zugenommen, treibt Sport und ist stolz auf seinen Status als Gruppensprecher.

Der zuständige Therapeut äußert sich zuversichtlich und schlägt vor, eine ambulante, 36 wöchige Nachfolgetherapie zu beantragen: Einmal monatlich Treffen in Eußerthal zur ambulanten Therapie, dreimal monatlich zur Eingliederungsmaßnahme des Arbeitsamts Kaiserslautern.

Nach zwei Monaten ist die stationäre Therapie beendet. Herr W. befindet sich in erstaunlich gutem Zustand. Der Antrag auf ambulante Reha wird genehmigt.

> ➢ Nur 1% der Alkoholkranken begibt sich in die Entwöhnungsbehandlung; Abhängigkeit besteht dann schon seit 11-13 Jahren.[297] Wird die Langzeittherapie abgeschlossen, sind nach einem Jahr noch 65 Prozent abstinent; allerdings brechen mindestens 50 Prozent die Behandlung vorzeitig ab.[298]

---

[297] BOCKEMÜHL, Symposium psychosoziale Versorgung in Rheinland-Pfalz, MDK Alzey, Alzey am 09.11.2005
[298] EBERT/LOEW (2003), S.143

Wöchentlich hebt Herr W. eine vereinbarte Summe von seinem Girokonto ab und wirtschaftet selbständig.

Weiterer Verlauf:

Drei Tage später meldet sich die Polizei. Herr W. wurde in Gewahrsam genommen wegen einer Trunkenheitsfahrt, Blutalkohol 2,3 Promille: Strafanzeige.

> Bei schwer kranken Patienten „dürfte die Remmisionsrate nur 5% oder geringer sein."[299] Bei Herrn W. sind *multifaktoriell* die gesamten „klassischen" Voraussetzungen einer schwer ausgeprägten Abhängigkeit mit ungünstigem Verlauf zu erkennen: Genetische Übertragbarkeit, „Alkoholsozialisation", früher Erkrankungsbeginn, Persönlichkeitsstörungen, hyperkinetische Störung".[300]

> Nach WETTERLING/ VELTRUP/ NEUBAUER/ NEUBAUER[301] erreichen auch Abhängige, die selbst um eine Behandlung nachsuchen, häufig keine ausreichende Abstinenzkompetenz. Die Bereitschaft, professionelle Hilfen in Anspruch zu nehmen, ist gering. Jedoch sind weiterführende Therapien dringend angezeigt, um ein Fortschreiten der Folgeerkrankungen zu verhindern.

Am nächsten Tag besuche ich Herrn W. Er öffnet die Türe kurz, wirft sie jedoch sofort wieder zu. Durch das Fenster sehe ich eine Trittleiter im Zimmer stehen, an einem Haken hängt ein Seil mit einer Schlinge. Auf dem Tisch steht eine leere Flasche Korn. Übers Handy rufe ich die Polizei und klingele an der Tür. Herr W. öffnet und teilt mit, seine Frau habe ihn wieder verlassen. Ich solle jetzt gehen. Herr W. ist hochgradig alkoholisiert.

Als die Polizei erscheint, kommt es zu einem Handgemenge. Herr W. wird in Handschellen gelegt und nach Klingenmünster in die Psychiatrie gebracht.

> Schätzungsweise begehen 10-20 % der Alkoholabhängigen Suizid.[302] Die akute konkrete Gefahr einer Eigengefährdung hat hier eindeutig vorgelegen. Gleichzeitig war, alkoholbedingt, von einer Beeinträchtigung bzw. dem Ausschluss einer freien Willensbestimmung auszugehen. Im Bezug auf die Selbstbestimmung des Betroffenen wa-

---

[299] EBERT/LOEW 2003,S. 143
[300] vgl.EBERT/LOEW,S. 142
[301] BtPrax 3/95), S.87
[302] EBERT/LOEW, 2003, S.143

ren hier höherrangige Rechte, nämlich Leben bzw. Gesundheit, konkret bedroht und rechtfertigen ein Eingreifen.

Das Zuschlagen der Tür zeugte von fehlender Einsicht in die Notwendigkeit lebensrettender Interventionen. Die konkrete Gefährdungssituation des Betroffenen konnte nicht anders abgewendet werden als mit einer Unterbringung, auch gegen den natürlichen Willen des Betroffenen. Die Unterbringung war somit zum im Interesse und zum Wohle des Herrn W.
Siehe hierzu Kapitel 2.3.6.3.- *Zwangsmaßnahmen: Zum Unterbringungsrecht.*

> Grundsätzlich ist der Suizidversuch bzw. die Beihilfe zum Suizid nicht strafbar. Jedoch wird im Kontext von Unterbringungen nach §1906 BGB davon ausgegangen, dass die Absicht einer Selbsttötung des Betroffenen kognitiv nicht hinreichend reflektiert werden kann, ein Abwägen aufgrund der krankheitsbedingten Beeinträchtigungen nicht möglich ist und demzufolge keine freie Willensbildung vorliegt. Der Eingriff wird hierdurch gerechtfertigt.[303]

Info an AG, Antrag auf Genehmigung der Unterbringung.

Mit dem behandelnden Arzt wird vereinbart, Herrn W. auch psychiatrisch zu untersuchen.
Am 10. Behandlungstag wird Herr W. nach Hause entlassen.
Im Arztbrief sind als zusätzliche Diagnosen aufgeführt:
Narzisstische Persönlichkeitsstörung, V.a. Dissoziale Störung, Hyperkinetische Störung, mittelschwere Depression.
Vermutet wird auch ein *Eifersuchtswahn infolge alkoholinduzierter Psychose auf der Grundlage hirnorganischer Abbauprozesse.*[304]

> Etwa 50-75 % der Suchtpatienten haben zusätzliche psychiatrische Diagnosen im Verlauf.[305] Bei frühem Erkrankungsbeginn, genetischer Belastung und/ oder *dissozialen Persönlichkeitszügen* oder einer *hyperkinetischen Störung* ist die Abhängigkeit oft schwerer ausgeprägt mit ungünstigem Verlauf.[306]
> Diese Störungsbilder sind ausdrücklich mit einem erhöhten Risiko für Abhängigkeiten verbunden[307]: Wenn bei solchen Persönlichkeiten eine Substanz leicht verfügbar ist, ist die Entwicklung zur Abhängigkeit wahrscheinlicher als in anderen Konstellationen.

---

[303] vgl. JÜRGENS/KRÖGER/MARSCHNER/WINTERSTEIN, S.218-220, RN 500-505 sowie DEINERT/LÜTGENS/MEIER S. 38-41
[304] vgl. WETTERLING. BtPrax 3/95, S.87
[305] EBERT/LOEW 2003, S. 143.
[306] EBERT/LOEW 2003, S.142
[307] vgl.EBERT/LOEW 2003,S. 143

Die Ehefrau nimmt die Beziehung wieder auf und verlässt ihren Mann wieder. Dies ist das durchgängige Muster. Insgesamt dreimal ziehen die Beiden um, da ihnen wegen der ehelichen Streitigkeiten jeweils die Wohnung gekündigt wird. Wiederholt kommt es zu Einsätzen der Polizei und zum Wohnungsverweis des Betroffenen.

Von den Umzügen erfahre ich jeweils im nachhinein. Nebeneffekt ist, dass ich kaum noch Post des Betroffenen erhalte, weil die Postumleitung an meine Adresse an die ursprüngliche Adresse in Eisenberg gekoppelt ist. Somit kann ich mich nur unzureichend um die Angelegenheiten des Herrn W. kümmern.

Den Mietvertrag unterschreibt ausschließlich Frau W.; ihr Ehemann gibt an, das auch so zu wollen.

> Obwohl dieses Verhalten dem Wohl des Betreuten (langfristig) deutlich widerspricht, besteht keine befriedigende Möglichkeit, zu handeln. Als gesetzliche Vertreterin mit allen Aufgabenkreisen wäre ich grundsätzlich dazu legitimiert, den Mietvertrag stellvertretend für Herrn W. zu unterschreiben. Jedoch spricht sich Herr W. klar dagegen aus. Dieser erklärte Wille ist zu würdigen, auch wenn sich dadurch – im Kontext der ständigen Streitereien der Eheleute- das Risiko von Obdachlosigkeit erhöht. Siehe dazu Kap. 2.3.3.1.
> Rein vorsorglich wird in dieser Angelegenheit eine Sachstandsmitteilung an das Vormundschaftsgericht angefertigt.

Zweimal lässt Frau W. mittels richterlichen Beschluss ihren Mann „räumen". Als mühsam kurzfristige Notunterkünfte organisiert werden konnten, durfte er wieder einziehen.

> Gem. §68 Abs. 1 Satz 1 SGB XII umfassen die Leistungen des achten Kapitels: *Hilfe zur Überwindung besonderer sozialer Schwierigkeiten* Maßnahmen zur Erhaltung und Beschaffung einer Wohnung. Jedoch standen dem zuständigen Sozialamt aktuell keine Wohnungen zur Verfügung. Verwiesen wurde an das Ordnungsamt, welches Herrn W. eine Einfachstunterkunft in einer städtischen Barackensiedlung anbieten konnte.

Drei Monate nach der Entgiftung in Klingenmünster: Anruf der Ehefrau. Ihr Mann leide unter Entzugskrämpfen, sie habe Angst, er würde sterben. Erneute Entgiftung. Kündige Herrn W. in der RFK Alzey an.

> Die Strukturen dieser Klinik sind mir gut vertraut, im Rahmen der Betreuungsarbeit besteht langjährige Zusammenarbeit mit Sozialdiensten, Ärzten und Pflegepersonal.
> Die Behandlung in Klingenmünster empfand ich als unzureichend, auch wegen der (nicht mit mir abgesprochenen) Entlassung des Betroffenen bereits nach zehn Tagen. Die RFK Alzey hat

keine Aufnahmeverpflichtung Herrn W. gegenüber, (regional aufnahmeverpflichtet wäre die Klinik Klingenmünster) erklärt sich jedoch dazu bereit, ihn aufzunehmen.

Generell besteht ein Wahlrecht des Patienten, von welcher psychiatrischen Klinik er behandelt werden möchte. Die ausgewählte Klinik kann jedoch ablehnen, wenn sie regional nicht zuständig ist.[308]

Der Betreuer ist „ Teil des psychosozialen Netzwerks". Persönliche Kontakte ermöglichen Interventionen auf dem „kurzen Dienstweg" und möglicherweise an starren Bestimmungen vorbei. Die Betreuungsarbeit, welche klientenzentriert ist und deshalb sehr flexibel ausgerichtet sein muss, erfährt somit erhebliche Erleichterung. Siehe Kap 2.4.3.1.

Während eines Arztgesprächs äußert sich Stationsarzt Dr. K. verärgert und stellt für den Betroffenen eine denkbar schlechte Prognose. Herr W. sei nicht gewillt, auf Alkohol zu verzichten und benehme sich extrem anmaßend. Er würde anderen, motivierten Patienten nur den Platz wegnehmen. Deshalb stünde auch die Entlassung des Betroffenen an. Sehr ungern würde er ihn wieder aufnehmen.

Wegen der Trunkenheitsfahrt sind 1731,60 DM zu zahlen bzw. 40 Tage Ersatzfreiheitsstrafe anzutreten. Der Vater des Betroffenen erklärt sich bereit, diese Summe zu zahlen und will sich bei mir rückversichern, dass die vom Sohn angegebene Kontoverbindung „der Gerichtskasse" stimmt. Das Konto ist mir unbekannt. Wie sich herausstellt, hat Herr W. die Kontonummer seiner Ehefrau angegeben. Von dem Geld wollte er nach Thailand fliegen.
Der Vater überweist die Summe an die Gerichtskasse.

Herr W. reagiert verärgert, wird verbal aggressiv und kündigt an, keine Betreuung mehr zu wollen.

> Da Herr W. sich insgesamt sehr affektlabil und impulsiv verhält, messe ich dieser Bemerkung keine allzu große Bedeutung bei. „Zwangsbetreuung" gegen den Willen des Betroffenen wird nur in Ausnahmefällen beibehalten; bei weiterer Erforderlichkeit einer Betreuung wird dann ggf. an einen Betreuerwechsel gedacht. (siehe hierzu Kap. 2.3.6.2.)
> Ich telefoniere mit dem zuständigen Vormundschaftsrichter. Er wertet die Angelegenheit als „kleine Vertrauenskrise" und schlägt vor, erst einmal abzuwarten.

---

[308] SCHOLTEN B., Ministerialrat , Referatsleiter Grundsatzfragen, Ministerium für Arbeit, Soziales, Familie und Gesundheit, Mainz; Referent bei: Symposium MDK, Alzey, 09.11.2005

Zur Klärung des mutmaßlich rechtswidrigen Hausverkaufs sind umfangreiche Recherchen erforderlich. Die genaue Darstellung würde den Rahmen dieses Buches sprengen, somit wird lediglich ein Überblick gegeben:

Einsicht in das Grundbuch bestätigt den Eigentümerwechsel zu dem vom Betroffenen angegebenen Zeitpunkt. Der Notar bestätigt den Verkauf durch Herrn S. als Makler und bestätigt die Kaufpreisentrichtung. Nachforschungen bei der Sparkasse ergeben, dass allein zur Abwicklung des Hausverkaufs vom Betroffenen ein Sonderkonto eingerichtet worden ist. Bevollmächtigte hierfür waren außer Herrn W. auch der Makler Herr S. sowie dessen Mitarbeiter, Her K.

Einen Tag nach Einzahlung der Kaufpreissumme hat Herr S. nach notarieller Überschreibung der Immobilie den Betrag in Höhe von 310 000 DM wieder abgehoben.

Herrn S. wurde nun meinerseits eine Frist gesetzt, den Kaufpreis auf das Girokonto des Herrn W. zu überweisen. Herr S. verbat sich dieses Misstrauen und schickte über 80 Belege, u.a. über massenhafte „Fachleistungsstunden à 80 DM" sowie über den vielfachen Kauf von *Melissengeist.* Daraufhin wurde Strafanzeige bei der Staatsanwaltschaft Frankenthal erstattet und eine Rechtsanwältin zur Durchsetzung zivilrechtlicher Ansprüche beauftragt.

> ➢ Gem. §1902 BGB vertritt der Betreuer den Betreuten gerichtlich und außergerichtlich
>   - Prozesskostenhilfe wurde zur Durchsetzung der zivilrechtlichen Ansprüche beantragt
>   - In dieser Angelegenheit wurde das Vormundschaftsgericht nicht nur informiert, vielmehr wurde hier auch Beratung durch Rechtspfleger, Vormundschaftsrichter und Rechtsanwältin wahrgenommen.

Umfangreiche Ermittlungen der Kripo Grünstadt und Sonderermittler der Kripo Neustadt erhärteten den Verdacht gegen den Makler.

> ➢ In der Betreuungsangelegenheit Herr W. mussten vielfältige fallverantwortliche Organisations- und Koordinationsleistungen im Sinne eines ganzheitlichen Hilfekonzepts, des *Case-Managements,* gewährleistet werden mit dem Ziel der Effektivität und Nachhaltigkeit. (Vgl. Kap. 2.4.3.1.)

Der PKW des Betroffenen sowie dessen Schmuck wurden sichergestellt. Die Anklage erging wegen Betrugs in besonders schwerem Falle.

Verurteilt wurde Herr S. dann zu einer Freiheitsstrafe auf Bewährung wegen schwerer Untreue. Schadensersatzansprüche wurden tituliert, konnten jedoch wegen der Zahlungsunfähigkeit des Herrn S. nicht geltend gemacht werden.

Das Vertrauensverhältnis zu Herrn W. wurde durch die Unterstützung in dieser Angelegenheit erheblich gefestigt. Insgesamt stabilisierte sich der Zustand des Betroffenen während des Verfahrens. Sein sozialer Status erhöhte sich: Er war ein gefragter Informant und war nicht „Täter", sondern Opfer. Die Hoffnung auf einen Rückerhalt des Hauses bzw. Schadensersatz ließen ihn optimistischer in die Zukunft blicken. Er war arbeitsfähig und jobbte, gemeinsam mit seiner Ehefrau, in einem Zeitschriftengroßhandel. Auf seinen Arbeitsplatz war Herr W. stolz, sein Selbstwertgefühl stabilisierte sich und in dieser Zeit kam es auch zu keinen Gewalttätigkeiten gegen die Ehefrau. Die Gruppe der *Anonymen Alkoholiker* wurde regelmäßig aufgesucht.

Der Revisor des Landgerichts Kaiserslautern beanstandet wiederum den hohen Stundenaufwand und verlangt eine Stellungsnahme, woraufhin die beantragte Vergütung angewiesen wurde.

6.3.3. Langfristige Interventionen

Im Rahmen von Krisenintervention sind langfristige Interventionen oftmals lediglich eine Perspektive. Bei chronisch suchtkranken Klienten wie „Herrn W." wechseln gewöhnlich kurz- und mittelfristige Interventionen beständig einander ab.

Ziele:

- Alkoholabstinenz

- Stabilisierung der Persönlichkeit

- Eingliederung ins Berufsleben auf dem „ersten Arbeitsmarkt"

Tatsächliche Entwicklung:

Die ambulante Reha- Maßnahme ist von Herrn W. nach kurzer Zeit abgebrochen worden. Seinen Arbeitsplatz hat er verloren. Sein Alkoholkonsum ist nicht mehr so exzessiv wie in der Vergangenheit, jedoch wird täglich Alkohol konsumiert.

Im Rahmen eines Betreuerwechsels wird Herr W. mittlerweile von einer Kollegin betreut.

Es ist, abgesehen von einer schweren alkoholbedingten Erkrankung des Betroffenen, keine maßgebliche Veränderung der Lebenssituation eingetreten.

6.4. Herausarbeitung zweier Interventionen

6.4.1. Intervention I „Durchführung einer Entmüllung"[309]

6.4.1.1. Rechtliche Dimensionen

Grundsätzlich geht die Vermüllung des Betreuten niemanden etwas an. Der Betreuer muss diese gem. 1901 Abs.2 Satz 2 BGB als die dem Wunsch des Betroffenen entsprechende Lebensweise hinnehmen.

Erreicht die Vermüllung jedoch ein Ausmaß, das dieses selbstgewählte Leben letztlich gefährdet, ist er nach §1901 Abs.3 Satz 1 BGB verpflichtet, diesem Wunsch nicht zu entsprechen. Gründe hierfür:

- Lebensbedrohliche Formen der Vermüllung
  (Brandgefahr, Verbreitung lebensgefährlicher Keime)

- Hervorrufen erheblicher Gesundheitsgefahren
  (Schädlingsbefall, Schimmelpilzbildung etc.)

- Verlust der Wohnung nach Kündigung durch den Vermieter.

Es sind *drei rechtliche Dimensionen* zu beachten:

- O r d n u n g s r e c h t l i c h e, falls die Vermüllung eine Störung der öffentlichen Sicherheit/ Ordnung darstellt

- M i e t r e c h t l i c h e, falls die Vermüllung einen vertragswidrigen Zustand darstellt (berechtigt nach Abmahnung zur fristlosen Kündigung nach §543 Abs.1,Abs.3 BGB)

- B e t r e u u n g s r e c h t l i c h e, soweit die Vermüllung dem Wohl des Betroffenen entgegensteht

---

[309] vgl. „Betrifft: Betreuung, Band 8: Rechtsfürsorge im Sozialstaat- Was ist Aufgabe der Betreuung?" VormG Tag e.V. Eigenverlag Kurt-Schuhmacher Verlag 9, 44787 Bochum

6.4.1.2.   Zustand der Wohnung

Grundsätzlich war die Wohnung des Herrn W. bei Betreuungsübernahme stark vermüllt und erheblich verdreckt. Beträchtliche Verschmutzungen wurden auch durch den ehemaligen Hund des Betroffenen verursacht, der jetzt im Tierheim lebt, u.a. durch Exkremente und verwestes Hundefutter. Spuren von Kot und Erbrochenem befanden sich fast überall, ebenso Brandlöcher. Die abgeschaltete Gefriertruhe enthielt massenhaft Maden. Ebenfalls befanden sich unzählige Lebensmittelmotten und deren Maden an allen Wänden und Decken sowie hinter den Schränken. Der Gestank in der Wohnung war penetrant.

6.4.1.3.   Geplante Interventionen

- Entmüllung: (Teppichboden, Matratzen, Couch, Sessel): Entsorgungsbehörde
- Entseuchung: (Exkremente, Schädlinge, Verwesungsprodukte) Gesundheitsbehörde
- Grundreinigung: Sozialbehörde
- Renovierung: Sozialbehörde
- Möblierung: (Couchgarnitur, Matratzen, Gebrauchtwarenlager) Sozialbehörde

6.4.1.4.   Überlegungen zur Rechtsmäßigkeit der geplanten Interventionen

- Generell ist abzuklären, ob die Interventionen durch die *Aufgabenkreise* abgedeckt sind.-
- Mit dem Betreuten besteht Einvernehmlichkeit, da er mit der Entmüllung einverstanden ist. Somit ist freier Zugang zur Wohnung gewährleistet, um die Wohnlichkeit wiederherzustellen. Folglich entfällt eine „Zwangsentmüllung", d.h. es ist kein Antrag auf Unterbringung nach §1906 Abs.1 Nr.1 BGB, welcher ausdrücklich nur gerechtfertigt ist bei erheblicher Gefahr im Verzuge, womöglich sogar nach PsychKG.

  Weiter entfällt somit eine sozialpsychiatrische Begleitung des Gesundheitsamtes, sowie mögliche Kosten durch die Inanspruchnahme eines Schlüsseldienstes.

- Die Wohnungskündigung ist berechtigt, da das Eigentum des Mieters gefährdet und die anderen Hausbewohner in gravierender Weise belästigt sind und die Abmahnung bereits erfolgt ist. Die Brandgefahr stellt ein erhebliches Risiko dar.

- Kostenzusage des Sozialamtes liegt vor. Im Rahmen von „Amtshilfe" beauftragt das Sozialamt die Feuerwehr, um die Brandgefahr einzuschätzen sowie das Gesundheitsamt.

  Beide Institutionen halten ein Eingreifen für notwendig.

  Termin zur Entmüllung wird abgesprochen.

- Eine Hinzuziehung der Betreuungsbehörde als Zeuge nach §4 BtBG wird vereinbart.

  Zwecks Entgiftung wird ein Termin mit der *Rheinhessen-Fachklinik Alzey* abgesprochen.

  Bericht an Vormundschaftsgericht (Sachstandsmitteilung), Beratung durch selbiges; Räumungsprotokoll.

6.4.1.5. Reflexion

Die Intervention verlief reibungslos. Am Tage zuvor wurde Herr W. in der RFK Alzey stationär aufgenommen. Seiner Ehefrau hatte er gestattet, bei der Entmüllung anwesend zu sein.

In einem Gebrauchtwarenlager des Sozialamtes hatte sich Herr W. bereits eine Couchgarnitur ausgesucht. Das Sozialamt übernahm die Kosten einer neuen Matratze, welche die Ehefrau besorgt hatte.

Eine in Betreuerkreisen bewährte und preisgünstige Firma für Entrümplungen, Entseuchungen, Umzüge und Hausmeisterdienste führte die Intervention professionell durch.

Die Betreuungsbehörde war nicht anwesend, jedoch die Betreuerin.

6.4.2. Intervention II: „Rechtsstreit gegen Telefongesellschaft T."

Rechtsstreit Telefongesellschaft T. gegen 1.Betreuter, 2. Betreuerin

Die Fa. T. setzt Frist zur Zahlung von 8 225,68 DM und kündigt an, ansonsten Klage zu erheben.

Teile T. mit, das Betreuten nach §104 BGB nicht geschäftsfähig ist und zudem seit 11.03.01 ein Einwilligungsvorbehalt angeordnet wurde. T. setzt weitere Frist zur Zahlung.

Zugestellt wird die Klageschrift der Firma T. am 30.09.2001.

Gefordert wird die Begleichung der gesamten Forderung. Der Betreuerin: „Beklagte zu 2"- wird u.a. „Vernachlässigung der Aufsichtspflicht!" vorgeworfen. Der Einwilligungsvorbehalt sei erst einen Monat nach Bestehen der Betreuung angeordnet worden. In der Zeit vom 08.-10.02 sei ein Schaden in Höhe von 1 644,24 DM entstanden. In dieser Zeit sei der Betreute: „Beklagter zu 1"- zu Hause gewesen; ein Einwilligungsvorbehalt sei noch nicht angeordnet gewesen.

Aus der Klageschrift: *„Der Aufgabenkreis Vermögenssorge beinhaltet auch, eine (weiter) Verschuldung des Betroffenen zu verhindern, insbesondere wenn er vermögenslos ist. (Bay-ObLG, BtPrax 1997, 160) Es ist ohne weiteres nachzuvollziehen, dass ein Telefonanschluss ein geeignetes Mittel ist, ohne Kontrolle erhebliche Schulden zu verursachen. Die Beklagte zu 2 war deshalb gehalten und aufgefordert, bereits bei ihrer Bestellung dafür Sorge zu tragen, dass ein solcher Erfolg nicht eintritt, mindestens, indem sie die Klägerin über den Status der Geschäftsunfähigkeit des Beklagten zu 1 in den vom Gericht angeordneten Aufgabenkreisen informiert hätte. Dies hat sie jedoch unstreitig nicht getan.*

Das „Nichtwissen" der Betreuerin über die Anwesenheit des Kumpels zum Zeitpunkt des Entstehens der Forderung wird von der Klägerin als „Schutzbehauptung" angesehen. Und weiter: Sie hat... ihre Obliegenheitspflichten zudem schon deshalb verletzt, weil sie Namen und Anschrift dieser Person nicht preisgibt. Zum anderen wäre sie gehalten gewesen, im Rahmen des Betreuungsverhältnisses gegen dieses Obhutgewähren des Betreuten einzuschreiten, da hier sowohl dessen Gesundheitsfürsorge als auch die Vermögenssorge tangiert war. Es ist zu vermuten, dass es sich bei diesem Dritten- wenn er denn existiert hätte- um einen so genannten Saufkumpan gehandelt hat. Diesen Kontakt zu unterbinden war die gesetzliche Aufgabe der Beklagten zu 2.

Weiter wird festgestellt, dass der Betreute für die Voraussetzungen der Geschäftsunfähigkeit i.S. des §104 BGB darlegungs- und beweispflichtig ist, da diese bisher nicht bewiesen worden sei. Beide Beklagten würden für die aufgelaufenen Forderungen haften.

Sachstandsmitteilung an AG und Beratung.

6.4.2.1.   Überlegungen zur Rechtmäßigkeit der geplanten Interventionen

- Die Betreuerin ist gesetzliche Vertreterin und hat die Angelegenheiten des Betroffenen rechtlich zu besorgen (1897 Abs.1, 1901 Abs.1 BGB)

- Der Aufgabenkreise *Vermögenssorge* legitimiert zur gesetzlichen Vertretung. (§1902)

- In ihrem Aufgabenkreis vertritt die Betreuerin den Betroffenen gerichtlich und außergerichtlich (§ 1902) Somit hat die Betreuerin den Betroffenen, hier vor dem Zivilgericht, zu vertreten.

- Ein Einwilligungsvorbehalt setzt die Einwilligung der Betreuerin zum Abschluss von Willenserklärungen, die den Aufgabenkreis der Betreuerin betreffen, voraus. (§1903 Abs.1) Der Einwilligungsvorbehalt ab 11.03. hat zur Folge, dass Willenserklärungen des Betroffenen von der

Einwilligung der Betreuerin abhängen, um wirksam zu sein. Dies war hier eindeutig nicht der Fall. Somit ist das Rechtsgeschäft mit der Firma T. unwirksam.

- Die Telefonrechnungen in der Vergangenheit hatten keinen Anlass zur Beanstandung gegeben. Somit konnte dieser Schaden nicht vorausgesehen werden. Es hatte seitens der Betreuerin keine Veranlassung gegeben, das Telefon sperren zu lassen.

- Geschäftsunfähigkeit i.S. des 104 BGB hat vermutlich vorgelegen und muss ggf. gutachterlich bewiesen werden. Somit wäre der Betroffene auch nicht für den Schaden in der Zeit vom 08.03-10.03.2001 haftbar.

- Sollte die Geschäftsunfähigkeit des Betroffenen für die Zeit des Schadenseintritts nicht festgestellt werden, wäre der Betroffene für den Schaden nach §823 Abs.1 BGB haftbar. Jedoch kann dieser den Schaden nicht tatsächlich verursacht haben, da er sich zum Tatzeitpunkt nachweislich in stationären Behandlung befunden hatte. Fraglich ist, ob das Überlassen des Schlüssels eine Mitverantwortung am Schaden darstellt. Meiner Meinung nach kann hier mit dem §827 Satz 1 BGB, Ausschluss und Minderung der Verantwortlichkeit, argumentiert werden.

- Verantwortung des Betroffenen ggf. möglich wegen Fahrlässigkeit i.S. von §827 Satz 2, somit wäre dieser ebenfalls haftbar für die Zeit v o r Anordnung des Einwilligungsvorbehalts. Jedoch tritt die Verantwortlich gem. §827 Satz 3 nicht ein, da Herrn W. als chronisch schwerkrankem Alkoholiker zum Tatzeitpunkt kein Verschulden vorgeworfen werden kann.

- Verantwortlich für den Schaden ist „Wisky-Willie". Schadensersatzansprüche sind gegen ihn zu richten.

- Die Beherbergung des Kumpels stellte eine höchstpersönliche Angelegenheit des Betroffenen dar. Diese ist nicht von der Genehmigung der Betreuerin abhängig. Erst eine erhebliche Gefährdung, etwa durch zu erwartende Alkoholexzesse, würden dem Wohl des Betreuten erheblich zuwiderlaufen und könnten untersagt werden.(§1901 Abs.3 Satz 1) Da der Betreuerin der mehrtägige Besuch des Bekannten nicht bekannt war, und es nicht deren Aufgabe ist, tägliche Kontrollbesuche zu machen, kann hier kein Vorwurf erhoben werden. (Auch im Hinblick des §1897 Abs.1. Satz 1: „… in erforderlichem Umfange persönlich zu betreuen.") Eine „Rundum-die –Uhr-Betreuung" wäre nach §1901 Abs.3 Satz 1 für den Betreuer nicht zumutbar und entspricht auch nicht dem Wesen der rechtliche Betreuung .

- Für pflichtwidriges Verhalten der Betreuerin, die einen materiellen Schaden verursacht, wäre hier die Vermögenshaftpflichtversicherung zuständig.

- Rein vorsorglich ergeht Mitteilung an die Versicherungsgesellschaft.

6.4.2.2.   Weiterer Verlauf

Eine Rechtsanwältin wird aufgesucht, die ebenfalls Berufsbetreuerin ist. Sie übernimmt das Mandat. Ich fordere Arztberichte bei Krankenhaus und Hausärzten an, um die Geschäftsunfähigkeit von Herrn W. auch für die Vergangenheit belegen zu können.

Herr W. ist gemeinsam mit der Ehefrau rechtsschutzversichert. Bei der Versicherungsgesellschaft wird Rechtsschutz beantragt. Nach mühsamen Verhandlungen- mitunter wurden Beiträge verzögert einbezahlt- wird schließlich die Zusage auf Erteilung von Rechtsschutz gegeben.

Eine Verfahrenspflegerin (Rechtsanwältin und Berufsbetreuerin) wird im Verfahren gegen T. bestellt.

Ergebnis:

Beklagter zu 1:

Für den Zeitraum 08.-10.03.2001 wurde ein Vergleich geschlossen.

Beklagte zu 2:

Klageabweisung. In der Begründung führt der vorsitzende Richter aus, die Betreuerin habe, sogar unabhängig vom Streitgegenstand, *Einwilligungsvorbehalt auf die Vermögenssorge* beantragt.

Zum einen hätten die Telefonrechnungen bis zum Schadenseintritt keinerlei Anlass zu Beanstandungen gegeben, so dass es keine Veranlassung gegeben hätte, das Telefon zu sperren. Theoretisch müsse dann jedem Betreuten das Telefon entzogen werden. Es sei " *...keinesfalls Aufgabe, unmittelbar nach Übernahme des Betreueramtes beim Beklagten einzuziehen und Tag und Nacht das Telefon zu beobachten.* "

6.4.2.3.   Reflexion

Auch die „humoristischen" Einlagen können nicht kompensieren, dass dieser Rechtsstreit durchaus dramatische Elemente in sich birgt. Gänzlich unmoralisch ist die „Abzocke" der Firma T. zu bewerten, welche den Vorwurf erhebt, *„ein Telefonanschluss sei ein geeignetes Mittel, ohne Kontrolle erhebliche Schulden zu verursachen"*, hingegen gerade diese Tatsache zur eigenen, sehr erheblichen Bereicherung auf Kosten beeinträchtigter und unkundiger Kunden ausnutzt.

6.5. Reflexion der Betreuungsangelegenheit „Herr W."

Da wie in Kap. 2.4.3.2., beschrieben die lebensweltorientierte Arbeit die Interventionen bestimmte, musste die Lebenswelt des Betroffenen nachvollziehbar werden, um einen Zugang zu finden.

Um systemische Zusammenhänge zu erkennen, war Kenntnis notwendig von *Biografie, Struktur der Herkunftsfamilie, Sozialisation, Persönlichkeitsmerkmalen, Struktur des sozialen Netzwerks, „Brüche in der Lebenslinie", u.s.w.*

Langjähriges Lebensthema war für Herrn W. der Alkohol. Das „*Craving*"[310] stand im Vordergrund, also der Zwang, Alkohol zu konsumieren. Herr W. war körperlich entgiftet, jedoch vermutete ich eine ganz erhebliche psychische Abhängigkeit. Verständlich: Außer der Ehefrau, die ihn verlassen hatte, bewegte sich Herr W. vor seinem Zusammenbruch im Kreise seiner „Trinkkumpane". Dort erfuhr er Geselligkeit und Anerkennung, der Tag hatte Struktur und das Leben, subjektiv, einen Sinn.

Weiterhin beschäftigte sich Herr W. gedanklich kontinuierlich mit sich selbst und der problematischen Beziehung zu seiner Ehefrau. Weitere Interessen waren nicht zu erkennen.

Herr W. hatte auch eine völlig unrealistische Selbsteinschätzung: Er sah sich als akademisch gebildeten, aktiven, beliebten Menschen, der, aufgrund von Schuld Anderer, an seinen wahren Entfaltungsmöglichkeiten behindert wurde. In der Kommunikation bemühte er sich stets darum, Fassade zu wahren, und prahlte gerne mit seinen früheren „Leistungen". Selten- nur in Augenblicken höchster Verzweiflung- erlebte ich den Betroffenen authentisch und hatte den Eindruck, ihn emotional zu erreichen.

Eigene Verantwortung für sein Leben konnte Herr W. nicht übernehmen. Er war geradezu infantil in seinen Mustern verstrickt und litt offensichtlich phasenweise unter Realitätsverzerrung. Offensichtlich war hier die „Konstruktion von Wirklichkeitsvorstellungen, deren affektive Bewertung und das davon beeinflusste Handeln"[311]

Bei Übernahme der Betreuung hatte sich Herr W. in einer schweren, existentiellen psychosozialen Krise befunden. Selbsthilfekompetenzen waren nur rudimentär vorhanden.

---

[310] EBERT/LOEW 2003,.S 137

[311] Zitat THIERSCH/GRUNWALD/KÖNGETER (2002) S.161-178,in: Lebensweltorientierte Soziale Arbeit, in: THOLE (Hrsg.), Grundriss Soziale Arbeit. Ein einführendes Handbuch. 2002,S.168

Dieses Sich-Arrangieren im Überleben in Formen des defizitären, unzulänglichen und abweichenden Verhaltens erscheinen in diesem Kontext immer auch „als das Ergebnis einer Anstrengung, in den gegebenen Verhältnissen zu Rande zu kommen"[312]

Gesucht werden musste nach einem Handlungsrepertoire, das im Zusammenspiel von Problemen und Möglichkeiten, von Stärken und Schwächen im sozialen Feld Erfolg versprach. Es galt, dieses „zwischen Vertrauen, Niedrigschwelligkeit, Zugangsmöglichkeiten und gemeinsamen Konstruktionen von Hilfsentwürfen auszubalancieren"[313], ggf. „im Sinne von notdürftigsten Arrangements mit begrenzter professioneller Reichweite."[314]

Die Suche nach neuen Optionen für einen gelingenden Alltag stand im Vordergrund; notwendig dafür waren ständige Aushandlungsprozesse. Dennoch:

Einfach war das nicht. Auch in Anerkennung des Anders-Seins des Betroffenen, in Akzeptanz seiner Lebenswelt wird der Betreuer dennoch von seinen eigenen lebensweltlichen Beschränkungen eingeholt. So prägt dessen eigene Sozialisation, seine persönlichen Haltungen und Wertvorstellungen die Sicht auf die Verhaltensmuster des Klienten, etwa im Hinblick auf Zuverlässigkeit, Ehrlichkeit, Disziplin etc..

So war es für mich ein Problem, dass Herr W. Absprachen häufig nicht einhielt und immer wieder versuchte, mich zu seinem Vorteil „auszutricksen"- ein typisches Verhalten von Suchtkranken. Von den häufigen Rückfällen des Betroffenen war ich enttäuscht und habe mir diese auch eigenem Versagen zugeschrieben. Da ich einem pädagogischen Beruf erlernt habe war ich nicht frei von dem Anspruch, auch erzieherisch auf den Betroffenen einzuwirken. Hilfreich auch hier die Orientierung an der Maxime, dass der Betreuer grundsätzlich den Lebensentwurf des Betreuten zu beachten hat und eine „Besserung" der Lebensweise (Kap. 2.3.3.) des Betreuten eindeutig nicht Aufgabe des Betreuers ist.

Selbstkritisch muss hier eingeräumt werden, dass die Anfangsphase der Betreuung von einer Überfürsorglichkeit geprägt war, welche die Unselbständigkeit des Betroffenen vermutlich weiter verstärkt hat.

---

[312] THIERSCH/GRUNWALD/KÖNGETER (2002), S.169
[313] THIERSCH/GRUNWALD/KÖNGETER (2002), S.161
[314] RÖSSLER (Hrsg.) 2004, Kap. 21, S.309

Hier würdige ich jedoch die Besonderheit des Einzelfalls: Herrn W. habe ich als extrem kranken, überaus hilflosen Menschen angetroffen. Möglicherweise schob sich hier der Hilfeaspekt zu sehr in den Vordergrund und überlagerte geradezu die professionelle Sicht.

Das Krankheitsbild eines Alkoholikers hatte bei Herrn W. in geradezu klassischer Manier seine Ausprägung. Anschauliche Vergleiche, wie etwa:„Alkoholsucht gleicht einem eingebrannten Programm!"[315] bewahrte mich vor zu großem Optimismus und vor zu großen Erwartungen an das Verhalten des Betroffenen.

Auch die klassischen Problemfelder einer Beziehungsgestaltung: Nähe und Distanz- Übertragung und Gegenübertragung - Klärung der Helfermotivation - u.a., flossen selbstverständlich in die Fallgestaltung „Herr W." mit ein. Die Konfrontation mit affektgeladenen Lebensthemen, Konflikten und Kränkungen des Klienten berühren immer auch eigene Lebensthemen, Konflikte und Kränkungen.

Erforderlich war hier ständige Reflexion; selbstanalytische Fähigkeiten erleichtern die Transparenz der oft unbewussten Vorgänge. Als sehr hilfreich erwiesen sich auch die Gespräche im Kollegenkreis, in der Supervision oder auch im Austausch mit dem zuständigen Rechtspfleger oder Richter.

Die Betreuung von Herrn W. war, obwohl Berufsbetreuer gewöhnlich besonders problematische „Fälle" betreuen, von besonderer Schwierigkeit.

Ohne eine optimistische Grundhaltung kann der hohe Arbeitseinsatz sinnlos erscheinen, da dieser oft genug „ins Leere zu laufen" scheint. Hilfreich ist hier eine ethische Orientierung, etwa an der des Humanistischen Menschenbilds, (Kap. 2.4.3.3.) das von (FROMM: Psychoanalyse und Ethik) dem Drang nach Entfaltung, dem Bedürfnis nach Entwicklung ausgeht. Jedes Leben hat seine eigene Dynamik, verharrt nie in völliger Stagnation. Mit einem Blick, der nicht am Defizitären klebt, sondern „in Respekt vor dem Gegebenen in Potentiale und Entwicklungsmöglichkeiten vertraut"[316], ist eine optimistische Grundhaltung, ist Motivation zur Fallbewältigung trotz der zu erwartenden Rückschlägen möglich. Aufgegeben hat der Betroffene sich häufig bereits selbst; günstig ist, wenn der Betreuer hier einen Gegenpol setzt.

---

[315] MANN, Symposium Psychosoziale Versorgung in Rheinland Pfalz, MDK Alzey, Alzey am 09.11.05
[316] THIERSCH/GRUNWALD/KÖNGETER (2002) S. 164

Während der Fallbearbeitung waren hochkomplexe Zusammenhänge zu koordinieren, oft mehrere Handlungsstränge gleichzeitig zu organisieren; dies alles im Kontext der gesamten Betreuungsarbeit mit zahlreichen anderen Betroffenen. Um hier klientenzentriert und sorgfältig arbeiten zu können, bedarf es einer Arbeitsmethode die es ermöglicht, effizient auf das gesetzte Ziel hin zu arbeiten. Insbesondere im Fall Herr W. wäre ein strukturiertes Arbeiten ohne entsprechende Arbeitsmethode, hier: Case-Management, (vgl. Kap. 2.4.3.1.) kaum möglich gewesen.

Abschließend, und in Anlehnung an das *Vorwort* dieses Buches zusammenfassend, bedurfte Herr W. uneingeschränkt der sozialarbeiterischen Intervention. Gerichtet an einen Menschen, der ohne fremde Hilfe seine Lebensprobleme nicht bewältigen konnte, der bei der Erschließung von Ressourcen zur Befriedigung seiner existentiellen Bedürfnisse Hilfestellung benötigte. Um weiterer sozialer und materieller Verelendung entgegenzusteuern und auf niedrigem Niveau eine Absicherung herstellen zu können.

Durchaus fand auch die Förderung von Lernprozessen im Hinblick auf individuelle und kulturelle Orientierungs- und Handlungsmuster, die den Menschen zu problemlösenden Verhalten bewegen, ihren Raum. Dennoch- dies muss unumwunden zugegeben werden- aus der Sicht des „objektiven Beobachters" sicher nur ansatzweise. Für einen schwerkranken Menschen wie Herrn W. kann mit den veranlassten Interventionen das verbliebene Potential ausgeschöpft sein, mehr geht nicht, das Erreichte ist das Optimum, und die mittels sozialarbeiterischer Intervention wiedererlangten Handlungskompetenzen tragen bei zu größerer Stabilität und weiterer Perspektive, kurz: zur Verbesserung von Lebenslage und Lebensqualität.

WETTERLING/VELTRUP/NEUBAUER halten eine Betreuung bei diesem Klientel ohnehin nur dann für sinnvoll, wenn der Betreuer konkrete Hilfen anbieten und vermitteln kann. Ansonsten „sei eine Betreuung nur Ausdruck therapeutischer Hilflosigkeit."[317]

---

[317] BtPrax 3/95, S.86

7. Zusammenfassung und Ausblick

Zusammenfassung:

Soziale Arbeit hat üblicherweise mit Menschen zu tun, die aufgrund von normabweichendem Verhalten unterschiedlicher Interventionen bedürfen. Die Bandbreite reicht hier von Beratungsangeboten, die von Hilfesuchenden freiwillig angenommen werden bis hin zu Interventionen des Staates, die Zwangscharakter haben und ggf. in Grundrechte eingreifen- etwa Soziale Arbeit im Strafvollzug, in der Forensik, in Einrichtungen der Abschiebehaft von Asylbewerbern etc..

Die Institution der *gesetzlichen Betreuung* deckt die gesamte Bandbreite ab: Von Beratung bis zu Aushandlungsprozessen mit dem Klienten, von tatsächlicher „Bevormundung", wie sie im Einzelfall notwendig sein kann bis hin zur Zwangseinweisung.

Neben Hilfeleistung für den Klienten wird also auch *Kontrolle* ausgeübt, d.h. die Hilfeleistung wird ggf. von „Wohlverhalten" in Form von gesellschaftskonformen Verhalten abhängig gemacht. („Doppeltes Mandat")

Wenn schon der Staat in seiner Verwaltung normabweichendes Verhalten sanktioniert (so etwa Bundesanstalt für Arbeit; Sozialamt) und die im öffentlichen Dienst angestellten Sozialarbeiter in seinem Sinne zu instrumentalisieren versucht, so wird das von einer *Sozialen Arbeit im Kontext der Justiz* – so bei rechtlicher Betreuung- noch viel eher erwartet.

Denn dem Betreuer wird Rechtsmacht gegeben, die auch Fremdbestimmung ermöglicht, die nicht nur Fürsorgeentscheidung ist, sondern immer auch *eingreifenden Charakter* hat.[318]

Justiz, damit wird im Allgemeinen zunächst Kontrolle assoziiert. Der Hilfeaspekt erscheint nachrangig.

Bezogen auf rechtliche Betreuungen, ist jedoch das Gegenteil der Fall:

Nicht die Orientierung am objektiven Wohl, an gesellschaftskonformen Regeln und Normen ist hier *Handlungsauftrag der Sozialen Arbeit.* Die eindeutige Positionierung des Betreuungsrechts auf das subjektive Wohl stellt den Hilfe-Aspekt klar in den Vordergrund.

Somit reduziert sich auch das Problem eines *doppelten Mandats* erheblich, denn der Betreute „bleibt der einzige Mandant in der Betreuungssache, so dass hier die Vorstellung eines dop-

---

[318] vgl. JÜRGENS/KRÖGER/MARSCHNER/WINTERSTEIN S.46

pelten Mandats „…" grundsätzlich *keinen Platz* hat. Der Betreuer hat ausschließlich zum *Wohl des Betreuten* dessen Angelegenheiten zu besorgen."[319]

Somit entspricht die Arbeit eines Berufsbetreuers dem professionellen Selbstverständnis und der beruflichen Identität sozialer Arbeit.

Rechtliche Betreuung ist folglich *keine* rigide Kontroll- und Veränderungsinstanz mit dem Charakter der Bevormundung und Entmündigung. Ganz im Gegenteil ist das Betreuungsgesetz ein Votum gegen Abstraktion und Generalisierung von Lebensverhältnissen. Das Betreuungsgesetz ist somit „ein Emanzipationsgesetz"[320]

Ausblick

Sozialarbeit ist auf Krisen konditioniert.[321] Auf Krisen von Einzelnen oder Gruppen. Neben den klassischen, individuellen Hilfe- und Fürsorgeleistungen ist auf der strukturellen Ebene eine weitere, dramatische Krise längst erkennbar: Die Krise unseres Sozialstaats. Aufgrund des „globalisierten Konkurrenzkapitalismus"[322] „wird der Sozialstaat zusammengestrichen und für unfinanzierbar erklärt"[323].

Infolgedessen werden Kategorisierungen noch enger gefasst, Ausschließungsprozesse noch weitreichender vorgenommen.[324] Insbesondere wird dort weggenommen, „wo die Schwächsten getroffen werden, die sich am wenigsten wehren können".[325]

Zu erkennen ist ein „Mentalitätswandel"[326] in der öffentlichen Debatte. „Es gilt nach wie vor, dass Menschen eher als Individuen und nicht in ihren Lebensverhältnissen, nicht in den Ressourcen ihrer sozialen Netze gesehen werden."[327] Die Verlierer unserer gesellschaftlichen Bedingungen werden zu Tätern diskriminiert. Zugewiesen wird eigene Schuld; in diesem Buch soll versucht werden, die tatsächlichen Ursachen für ein „gesellschaftlich bedingtes, persönliches Scheitern" transparenter zu machen.

---

[319] BtPrax 6/96, S.201 Forum: Die Rolle des Betreuers
[320] V. LOOZ, BtPrax 3/97, S.87
[321] vgl. THIERSCH 2002, Gerechtigkeit und Soziale Arbeit, in: THOLE (Hrsg.)2002
[322] CREMER-SCHÄFER,(2001) S.57
[323] KRÖLLS. BtPrax 4/02, S.142 „Das Betreuungsrecht in Zeiten der Entwicklung des Sozialstaatsystems",
[324] vgl. CREMER-SCHÄFER (2001)
[325] SOLTAUER IMPULSE, S.34
[326] SOLTAUER IMPULSE, S.34
[327] THIERSCH (2002) in: THOLE (Hrsg.)2002

Es ist zu erwarten, dass die öffentliche Meinung gänzlich umschlägt, wenn die Verteilungs-kämpfe noch härter werden. Wenn mehrheitlich davon ausgegangen wird, dass es sich nicht lohnt, sich für die von „Leidens- und Versagenserfahrungen Betroffenen"[328] einzusetzen, dass dies womöglich Ressourcenverschwendung sei.

Von außerordentlicher Relevanz für die Soziale Arbeit ist das deshalb, weil sich diese im sozialstaatlichen Kontext abspielt. Sie leistet gewissermaßen „Herrschaftsarbeit"[329].

Neben der helfenden Funktion birgt besonders die eingeforderte präventive Aufgabe eine generelle gesellschaftliche Wächterfunktion. („Doppeltes Mandat")
Nach *Marx* sind die „Gesetze der Herrschenden ...herrschende Gesetze", schlägt also Macht durch auf das, was als moralisch, als gerecht gilt.[330] Der Staat definiert Werte und Ziele und die „Soziale Arbeit als Teil sozialstaatlicher Regulation"[331] wird im Kontext der sozialpoliti-schen Veränderungen davon in erheblichem Maße betroffen sein.

Denn: Die „Politik der sozialen Ausschließung"- das strukturierte und organisierte Vorenthal-ten der Teilhabe an gesellschaftlich produzierten Ressourcen"[332] wird zunehmen. Die sozial-arbeiterischen Interventionen werden (noch) mühsamer errungen werden:
„Wir haben in Deutschland ein Armutsproblem, dass sich verschärft" so HUBER, Bischof von Berlin- Brandenburg und Vorsitzender des Rates der Evangelischen Kirche in Deutsch-land (EKD) in einem Interview in einem wahrlich nicht sozialkritischen Massenblatt.[333]

Die rechtliche Betreuung als „sozialstaatliche Betreuung"[334] ist ebenfalls eingebunden in den Sozialstaat und von dessen Entwicklungen abhängig.

Noch zeigt der Staat Solidarität und lässt sich dieses enorm viel kosten. Vermutlich ist es nur noch eine Frage der Zeit, bis existenzsichernde gesetzliche Normen in Sozialrecht und Betreuungsrecht „gelockert" werden, bis die Subjektivität als zentrale Kategorie des Betreu-

---

[328] THIERSCH 2002, in: THOLE (Hrsg.)2002
[329] CREMER-SCHÄFER (2001) S.63
[330] vgl.THIERSCH 2002, in: THOLE (Hrsg.) 2002
[331] CREMER-SCHÄFER 2001, S. 62
[332] CREMER-SCHÄFER (2001) S.60
[333] Bild am Sonntag Nr.33, S.07, 13.08.2006
[334] KRÖLL, BtPrax 4/02,S.145

ungsrechts[335] vermehrter Objektorientierung weichen muss, weil das billiger ist. Weil der Staat davon ausgeht, sich professionelle Betreuung in diesem Umfange gar nicht mehr leisten zu können.

Die Soziale Arbeit hat somit ein weiteres Problem.

Formulieren möchte ich dieses als These: Es wird zunehmend schwieriger sein, seine berufliche Identität zu vertreten, ohne dafür negativ sanktioniert zu werden.

Die Verteilungskämpfe sind härter geworden, werden härter werden. Auch Arbeitsstellen sind heute rar. Der Alltag der Sozialen Arbeit ist geprägt durch vielfache Einschränkungen, welche die eigene Existenz bedrohen können. Gemeint sind hier etwa Stellenabbau, ungünstige Tarifveränderungen, Zeitverträge, jährliche Beurteilungen des Dienstvorgesetzten etc..

Anstatt, entsprechend des sozialarbeiterischen Bewusstseins, Lobby zu sein für die Klienten, kann, ganz im Gegensatz dazu, zunehmende Anpassung an die Bedingungen des Dienstgebers die Folge sein. Hinzu kommt: „Zur Zeit gibt es flächendeckend Praktiken zur Endstandardisierung und Entfachlichung der Sozialen Arbeit, in denen fachlich notwendige Aspekte nur noch unter ökonomischen und wirtschaftlichen Gesichtspunkten traktiert werden".[336]

Zu erkennen ist also geradezu ein Dilemma. Es gilt nicht nur, die Existenzen der betroffenen Klienten sicher zu stellen; auch die eigene (berufliche) Existenz erscheint bedroht, ebenso die sozialarbeiterische Identität sowie die professionelle Ethik.

Eine überzeugende Definition Sozialer Arbeit gibt Prof. Dr. Udo Wilken ab: Er warnt vor „Sozialarbeit light" in Zeiten derzeitiger gesellschaftlicher Umbrüche und betont:

„Soziale Arbeit ist *Menschenrechtsprofession.* "[337], [338]

Dem ist eigentlich nichts mehr hinzuzufügen.

---

[335] vgl.ROSENOW, BtPrax 6/05, S.221

[336] THIERSCH 2002, in. THOLE (Hrsg) 2002

[337] vgl. Blätter deutscher. Wohlfahrtspflege, 4/05, Nomos-Verlag, Baden-Baden S.158;

[338] vgl. auch STAUB-BERNASCONI: siehe Literaturverzeichnis

Gibt es einen Ausweg?

Ich vertrete den Standpunkt, dass es nicht reicht, innerhalb seines „kleinen Kosmos" gewissermaßen „im Verborgenen" zu wirken, so effektiv die geleistete Arbeit für die Klienten auch sein mag.

Soziale Arbeit muss gehört werden. Als „Repräsentant sozialer Gerechtigkeit" sind die derzeitigen Zustände und Entwicklungen nicht hinnehmbar; durch weitere Kürzungen ist die Existenz der Benachteiligten konkret bedroht.

Nach THIERSCH sind die Errungenschaften des Sozialstaates nicht „Besitz, sondern das Ergebnis von Aushandlungsprozessen".[339] Und folglich: „Um weitere Einschränkungen zu verhindern, muss immer wieder neu behauptet, durchgesetzt und ausgelegt werden." Hier muss die Soziale Arbeit sich einmischen und laut werden:

„Einmischungsstrategien bedeuten also, die Wächterfunktion für die Lebenswelten und die Anwaltsfunktion für die darin lebenden Menschen zu übernehmen."[340]

Diese eindeutig, und, wenn notwendig, radikal. Auf regionaler Ebene, sowie landes- und bundespolitisch.

„Die Forderung nach Gerechtigkeit zielt auf den Anspruch auf Partizipation, auf Ressourcen zum Abbau von Elend, Ungleichheit und Not, auf Ressourcen zur Lebensgestaltung in Würde, auf ein Leben als Subjekt in den eigenen Verhältnissen und auf wechselseitige Anerkennung."[341]

Die Forderung nach Gerechtigkeit muss eine Handlungsmaxime, ein Prinzip sein.

Es ist nicht hinzunehmen, dass weitere Einschnitte den Betroffenen das grundgesetzlich garantierte Existenzminimums absprechen, dass somit „Kollateralschäden"[342] von Reformen hingenommen werden müssen.

---

[339] THIERSCH 2002, in: THOLE (Hrsg)
[340] THIERSCH 2002, in: THOLE (Hrsg)
[341] THIERSCH 2002, in: THOLE (Hrsg
[342] SOLTAUER IMPULSE, S.34

Schließen möchte ich mit einem Zitat des Sozialwissenschaftlers HANS THIERSCH. Für ihn ist Soziale Arbeit

> *„eingebunden in das große humane Projekt der Institutionalisierung von Aufgaben der sozialen Gerechtigkeit, der Stabilisierung von sozialer Gerechtigkeit in unserer Gesellschaft."* [343]

---

[343] THIERSCH, Gerechtigkeit und Soziale Arbeit, in: THOLE 2002(Hrsg.),

8. Literaturverzeichnis:

Bauer/ Klie/ Rink (2004) Heidelberger Kommentar zum Betreuungs- und Unterbringungsrecht HK-Bur, München, C.F. Müller Verlag

Betrifft: Betreuung.Nr.8, Rechtsfürsorge im Sozialstaat. Was ist Aufgabe der Betreuung? Bochum 2006, VormundschaftsGerichtsTag e.V.

Bock, Thomas/ Weigand, Hildegard (2002) Hand-werks-buch Psychiatrie, Bonn, Psychiatrie-Verlag (H-W-B)

Brühl, A. u.a (2005) Handbuch Sozialrechtsberatung (2005) 1. Auflage Baden-Baden, Nomos-Verlag

Brucker Uwe(Hrsg.) Betreuungsbehörden auf dem Weg ins 21. Jahrhundert, Druckerei der JVA Strauberg

Bühler, Ernst, Kren, Rita, Stolz, Konrad (2006) Betreuungsrecht und Patientenverfügungen im ärztlichen Alltag, München, Urban & Vogel Verlag, „Medizin und Wissen"

Deinert u.a. (2004) *Die Haftung des Betreuers*, Köln, Bundesanzeiger Verlag)

Deutscher Verein für öffentliche und private Fürsorge (1997) Fachlexikon der sozialen Arbeit, Frankfurt am Main, Eigenverlag

Dörner K./Plog, U./ Teller, C./ Wendt, F. (2004) Irren ist menschlich, Bonn, Psychiatrie Verlag

Ebert, Dieter/Loew Thomas (2003) Psychiatrie systematisch, Bremen, UNI-MED Verlag

Frieboes, Ralf-Michael (2005) Grundlagen und Praxis der Soziotherapie, Stuttgart, Kohlhammer Verlag

Fritsch, R./Groth, U./Hornung, R./ Schulz-Rackoll, R./ Zimmermann, D./ Zipf, Th./ Müller, K. (2003) Schuldnerberatung in der Drogenhilfe. Herausgegeben von Stiftung Integrationshilfe für ehemals Drogenabhängige e.V.- Marianne von Weizsäcker Fonds, München, Luchterhand Verlag

Europäische Kommision, Gemeinsamer Bericht über die soziale Eingliederung (2003-2005), Brüssel 2003

Fromm, Erich, (1985) Psychoanalyse und Ethik. Bausteine zu einer humanistischen Charakterologie. München, Deutscher Taschenbuch Verlag dtv

Guggenbühl-Craig, A, (1978) Macht als Gefahr beim Helfer, Basel, Karger Verlag

Joas, Hans (Hrsg.) (2001) Lehrbuch der Soziologie, Frankfurt/ New York, Campus Verlag

Jürgens, Andreas u.a. (2002) Betreuungsrecht kompakt, München, Verlag C.H. Beck

Klie, Thomas (Hg) Heidelberger Kommentar zum Betreuungs- und Unterbringungsrecht HK-BUR *(48.* Aktualisierung 2005)), Heidelberg, C.F. Müller Verlag

Mangold, Jürgen (Hrsg) Lebenswelt und Subjektorientierung (1997) Berlin VWB

Neuffer (2002) Case- Management- Soziale Arbeit mit Einzelnen und Familien. Weinheim und München

Oerter/ Montada (Hrsg.) (2002) Entwicklungspsychologie, Berlin, Beltz Verlag

Plog, Ursula (2002) Ohnmacht der Mächtigen. Soziale Psychiatrie, H 4, in: Hausarbeit Dokument Nr. 41047, Wissenschaftsarchiv GRIN Verlag, Auer Franziska

Popp, Wolfgang, (2003) Zwangsbehandlung von psychisch Kranken im Betreuungsrecht, Europäische Hochschulschriften, Peter Lang Verlag

Reiter, Gerd, (1999) Kritische Lebensereignisse und Verschuldungskarrieren von Verbrauchern Berlin, Dunkler & Humbold Verlag

Rechtsfürsorge im Sozialstaat, Band 8: Betrifft: Betreuung, VormundschaftsGerichtsTag e.V., Bochum 2006, Eigenverlag

Rössler, Wulf (Hrsg.), Gaebel, Wolfgang, Möller, Hans-Jürgen(2005) Stigma- Diskriminierung- Bewältigung, Stuttgart, Kohlhammer Verlag

Rössler, Wulf (Hrsg.) (2004) Psychiatrische Rehabilitation, Berlin, Springer Verlag

Schmidtbauer Wolfgang, (1977) Die hilflosen Helfer, Hamburg, Rowohlt Verlag

Schondelmaier, P./ Stahl, T./ Engel, U./ Eichin, M: Arbeitsheft Schuldnerberatung kehrtwende Bibliothek der EFH Soziale Arbeit Ludwigshafen :Ggo 110 ARB

Schruth, Peter u.a. (2003) Schuldnerberatung in der Sozialen Arbeit, Frankfurt/ New York, Campus Verlag (SB-SR)

Schuldenreport 2006, Schriftenreihe des Verbraucherzentrale Bundesverbandes zur Verbraucherpolitik, Band 7, BWV Berliner Wissenschafts-Verlag (SR)

Thole, Werner (Hrsg.) (2002) Grundriss sozialer Arbeit. Ein einführendes Handbuch. Opladen. Leske + Budrich

Tödt, Heinz Eduard (1977) Versuch zu einer Theorie ethischer Urteilsfindung, in: Zeitschrift für Evangelische Ethik 21, 1977, S. 81-93, in: Götzelmann, Arndt (2002) , Ethikunterricht in diakonischen Bildungseinrichtungen, S.92, Heidelberg

VormundschaftsGerichtsTag e.V. (2005) „Betrifft: Betreuung- Band 8", Bochum, Eigenverlag

Weber, Max (1976) Wirtschaft und Gesellschaft. Grundriss der verstehenden Soziologie, J.C.B. Mohr (Paul Siebeck), 5. revidierte Auflage 1980

Wesel, Uwe (2002) Fast alles, was Recht ist, Frankfurt am Main, Eichborn Verlag (W)

Wienberg G.(Hrsg.) (1992) Die vergessene Mehrheit. Bonn, Psychiatrie-Verlag

Zimbardo, Philip G. (1995) Psychologie, Berlin Heidelberg, Springer Verlag, Sonderausgabe Weltbild Verlag (Z)

Zimmermann, Walter(2002) 2. Auflage, Betreuungsrecht von A-Z, München, Deutscher Taschenbuch Verlag

Zimmermann Walter (2001) 5. Auflage. Ratgeber Betreuungsrecht. München, Deutscher Taschenbuch Verlag

Artikel/ Fachzeitschriften

Anger, Britta: „Die Arbeit der gesetzlichen Betreuer- Profilierung einer Tätigkeit im Spannungsfeld Sozialer Dienste," BtPrax 4/1994: S. 131-133

Bdbaspekte, Zeitschrift für Betreuungsmanagement, Bundesverband der Berufsbetreuer/-Innen e.V., Eigenverlag

Bienwald, Werner: „Notwendige Kenntnisse zur Führung rechtlicher Betreuungen" BtPrax 4/00, S.155

Bienwald, Werner: „Schuldenregulierung als Betreueraufgabe?", BtPrax 5/2000, S. 187-192

Bienwald, Werner: „Krisenintervention- eine vergütungsfähige Leistung?", BtPrax 2/2002, S. 67

BtPrax 2/2003: S. 73-74: Gemeinsamer Entwurf eines Berufsbildes von bdb und VfB für Berufsbetreuer vom 17.1.2003

Buhlmann, Joachim/ Rosenow, Roland: „Die Kostenersparnis im Sozialleistungssystem durch professionelle Betreuung", BtPrax 2/ 2004, S. 56-59

Crefeld, Wolf; Lantzerath, Gisela; Wessels, Wolfgang: „Der Fall Margot F. Zusammenwirken und Kontrolle als Voraussetzungen für risikoreiche Entscheidungen," BtPrax 6/1995, S. 205-213

Cremer-Schäfer, Helga, „Ein politisches Mandat schreibt man sich zu. Zur Politik mit der Sozialen Arbeit. (2001) In: Merten Roland (Hrsg.) Hat Soziale Arbeit ein politisches Mandat? Positionen zu einem strittigen Thema. Opladen, S. 55-69

Eichler Sabine „Qualitätsstandards in der gesetzlichen Betreuung", Diplomarbeit 2001, Deutscher Verein für öffentliche und private Fürsorge, Nr. 49, Frankfurt, Eigenverlag

Eichler Sabine, „Qualitätsstandards in der gesetzlichen Betreuung", BtPrax 1/ 01 S.3-9 und BtPrax 2/01 S.50-54

Fähndrich, E : „Die Stellung der Psychiatrischen Abteilung im Gesamtversorgungssystem einer Region," BtPrax 3/1996, S. 78-81

Forum: Die Rolle des Betreuers. Bienwald u.a., BtPrax 6/96 S.198-216

Gelübcke; Osterfeld:in: Betrifft: Betreuung, Nr.8, VormundschaftsGerichtstag, , „Was ist Aufgabe des Betreuers im Bereich Unterbringung?", S.84

Grohall, Karl-Heinz: „Die gesellschaftliche Bedeutung der rechtlichen Betreuung," BtPrax 1/2002, S. 13-18

Günther, Rolf: „Ich habe einen Betreuer, weil die anderen ein Problem haben. Arzt und Richter im Diskurs über Persönlichkeitsstörungen," BtPrax 2/2002, S. 58-59

Guy, Walther. „Freiheitsentziehende Maßnahmen nach §1906 Abs. 4 BGB. Verfahren, Handlungskonzepte und Alternativen", BtPrax 6/05, S. 214-219

Harm, Uwe, S.98: „Die Personensorge im Betreuungsrecht", BtPrax 3/ 2005, S. 98-100

Harm, Uwe, „Qualität der Betreuungsarbeit. Die Aufsicht des Vormundschaftsgerichts", BtPrax 2/ 06, S. 48 -50

Hoffmann, Birgit: „Das Leben ist voller Risiken- Lebensrisiken und Betreuung," BtPrax 2/2001, S. 60-65

Huber, Wolfgang. „Die Armen erinnern mich an den Sudan"; in: Bild am Sonntag, Nr. 33/2006, S. 7

Kiehl, W.H., „Deregulierung und Privatisierung sozialer Risiken in der öffentlichen und privaten Fürsorge", *in*: Betrifft: Betreuungsbehörde auf dem Weg ins 21. Jahrhundert, Bruckner, Uwe (Hrsg), Verlag der JVA Strauberg, S.11

Klüsche, W. (Hrsg.) „Professionelle Identitäten der Sozialarbeit/ Sozialpädagogik", in: Lebensweltorientierte Sozialarbeit- Grundpostulate, Selbstverständnis und Handlungsperspektiven. F.C. Schubert (Seminarunterlagen 2. Semester Soziale Arbeit)

Krölls, Albert: „Das Betreuungsrecht im Zeichen der Entwicklung des Sozialstaatssystems," BtPrax 4/2002: S. 140-148

Kuhrke, Neithard, „Die Wirksamkeit des Caseworks", BtPrax 3/ 04: S. 96-97

Kunze, Heinrich: „Weiterentwicklung regionaler Versorgungsstrukturen als Aufgabe von Betreuern?". BtPrax 1/1995: S. 2-8

Looz von, Carola: „Der blaue Reiter präsentiert Eurer Hoheit sein Blaues Pferd oder: Wie höre ich an?" BtPrax 3/1997: S. 86-92

Lütgens, Kay „Tätigkeitsbezeichnung rechtliche Betreuungen" Bdb aspekte 57/ 2005 S.17-18

Lorenzen, Horst: "Betreuung- eine Herausforderung an die Psychiatrie?", BtPrax 1/2003: S. 25-26

May, Arndt T D.,: „Ethische Kompetenz- Das Stufenmodell zur Qualifizierung im Betreuungswesen (Teil I)", BtPrax 2/2002: S. 68-72

Mees, Jakobi ,Jutta; Stolz, Konrad: „Rechtliche und psychologische Aspekte einer Betreuung entsprechend den Wünschen und Vorstellungen des Betreuten," BtPrax 3/1994: S. 83-87

Meier, Sybille, „Qualität und gerichtliche Aufsicht nach dem 2. Betreuungsrechtsänderungsgesetz. Von den Pflichten des Betreuers.", BtPrax 2/ 06, S. 54

Müller, Siegfried, „Sozialarbeiterisches Alltagshandeln zwischen Hilfe und Kontrolle", Neue Praxis, 8. Jahrgang 1978, S. 342-348

Nervenheilkunde, Zeitschrift für interdisziplinäre Fortbildung 3/ 2006 ,"Workshop Schizophrenie. Von der Neurobiologie bis zur Therapie im Praxisalltag". Schattauer Verlag Stuttgart

Oberloskamp, Helga , „Qualität von medizinischen Gutachten und Sozialberichten", *BtPrax 4/ 04, S.123*

Oeschger, Gerold: „Curriculum zum Berufsbild einer Berufsbetreuerin/ eines Berufsbetreuers des Verbandes freiberuflicher Betreuer/innen," BtPrax 2/1999, S. 59-60

Polke, Elisabeth, „Ein Fall und viele Bezüge", BtPrax 3/ 04, S.M9

Roder, Angela, „Betreuungs(case)management. Mehr Professionalität und Erfolg im Berufs- alltag". BtPrax 3/ 04, S.87- 90.

Rosenow, Roland: „Die geplante Abschaffung der persönlichen Betreuung," BtPrax 5/2003: S. 201- 207

Rosenow, Roland, „Zehn Thesen. Zur Aufgabe des rechtlichen Betreuers" BtPrax 6/05, S. 221-224

Seitz, Walter „Wohl und Wille als Handlungsnormen im Betreuungsrecht. Dargestellt vor allem an Hand der Rechtsprechung des Bayerischen oberstenLandesgerichts", BtPrax 5/ 05, S. 170- 174

Seitz, W. Betrifft: Betreuung Nr. 8, VorGTag 2006, Wohl und Wille als Handlungsnomen im betreuungsrecht. Dargestellt vor allem an Hand der Rechtssprechung des Bayerischen obersten Landesgerichts", S. 63-74

Staub-Bernasconi, Silvia, Arbeitsblatt Behinderungs- und Begrenzungsmacht, aus: S.Staub-Bernasconi: Systemtheorie, soziale Probleme, Soziale Arbeit: lokal, national, international, Haupt, Bern, S. 223-234; 235-255 (Neuauflage bei UTB Ende 2005)

Staub-Bernasconi, Silvia, „Soziale Arbeit als (eine) Menschenrechtsprofession , in: Sorg, Soziale Arbeit zwischen Politik und Wissenschaft. Verlag nicht benannt. Mailadresse: *stau- bernasco@bluewin.ch*

Stolz, Konrad; Jacobi, Jutta: „Der Betreuer hat den schwarzen Peter: Zum Problem der Entscheidungsfindung am Beispiel einer Zwangseinweisung," BtPrax 2/96: S. 59

Thar, Jürgen, „ Zur Schnittstelle von Eingliederungshilfe und rechtlicher Betreuung", BtPrax 2/ 05, S.M5-M6

Thiersch, H.(1993) „Strukturierte Offenheit zur Methodenfrage einer lebensweltorientierten Sozialen Arbeit", in: Rauschenbach, T/ Ortmann, F./Karsten, ME (Hrsg) Juventa, Weinheim, München, S. 11-28

Thiersch, H./ Grundwald, K./ Köngeter, S (2002). „Lebensweltorientierte Soziale Arbeit", in: Thole (Hrsg.) Grundriss Soziale Arbeit. Ein einführendes Handbuch. Leske + Budrich, Opla- den 2002

Thiersch, H.(2002) „Gerechtigkeit und Soziale Arbeit", in: Thole Werner (Hrsg.) Grundriss Soziale Arbeit- ein einführendes Handbuch, Leske & Budrich, Opladen 2002. (Im Script fehlen leider die Seitenzahlen.)

Thiersch, H. (1995) „Moral, Gesellschaft, Soziapolitik- Überlegungen zu einer moralisch inspirierten Kasuistik in der Sozialen Arbeit", in: Hans Thiersch, Lebenswelt und Moral. Beiträge zu einer moralischen Orientierung Sozialer Arbeit. Edition Soziale Arbeit, Juventa Verlag, Weinheim und München 1995

Guy, Walther, „Freiheitsentziehende Maßnahmen nach §1906 Abs. 4 BGB. Verfahren, Handlungskonzepte und Alternativen. BtPrax 6/ 05, S.214-219

Wendt, Torsten: „AbGEZockt- die Gebühreneinzugszentrale unterschlägt Befreiungstatbestände," *BAG-SB* Informationen Heft 4/ 2005 (Schuldnerberatungsschrift)

Wetterling, Tilmann; Veltrup, Clemens; Neubauer Hildegard; Neubauer Wolfgang: „Betreuung von süchtigen (Abhängigkeitskranken)-Psychiatrische Gesichtspunkte", BtPrax 3/1995: S. 86- 90

Wienberg (Hrsg.) „Struktur und Dynamik der Suchtkrankenversorgung in der Bundesrepublik- ein Versuch, die Realität vollständig wahrzunehmen". In: Wienberg (Hrsg) Die vergessene Mehrheit. 1992, Bonn, Psychiatrie-Verlag

Wolter- Henseler, Dirk: „Das Betreuungswesen und seine Bedeutung für die gemeindepsychiatrische Versorgung," BtPrax 4/1995: S. 127-130

Wurzel, Bettina, „Vorsorgevollmachten bei affektiven Störungen, insbesondere bei der manischen Auslenkung", BtPrax 3/05, S.87- 88

Zander, Karl- Heinz, „Elemente einer Qualitätsdiskussion im Betreuungswesen. Zum Stand der Diskussion.", BtPrax 2/ 06, S. 50

„Leitlinien zur rechts- und sozialpolitischen Diskussion um die Weiterentwicklung des Betreuungsrechts", BtPrax 4/ 99, S.123f., Vormundschaftsgerichtstag

Bericht über die Lebenssituation junger Menschen und die Leistungen der Kinder- und Jugendhilfe in Deutschland- Zwölfter Kinder- und Jugendbericht- Unterrichtung durch die Bundesregierung. Deutscher Bundestag, 15 Wahlperiode, Drucksache 15/ 6014 vom 10.10.2005

Lebenslagen in Deutschland-Zweiter Armuts- und Reichtumsbericht (2005) Unterrichtung durch die Bundesregierung. Deutscher Bundestag, 15. Wahlperiode Drucksache 15/ 5015 vom 03.03.2005

Nationaler Aktionsplan für Deutschland zur Bekämpfung von Armut und sozialer Ausgrenzung 2003 bis 2005 (2003) Deutscher Bundestag, 15. Wahlperiode, Unterrichtung durch die Bundesregierung. Drucksache 15/ 1420 vom 10.07.2003

Tageszeitungen und Zeitschriften:

Blätter der Wohlfahrtspflege 4/ 2005, Gemeindepsychiatrie, Nomos Verlag, Baden-Baden

Bundesarbeitsgemeinschaft Schuldnerberatung (BAG-SB) Heft 4/ 05

Die Rheinpfalz 25.11.2005,Nr. 274, „Immer mehr deutsche Haushalte in der Schuldenfalle",

Die Rheinpfalz 18.04.2006, Seite *Südwest* „Immer mehr Bürger in der Schuldenfalle",

Die Rheinpfalz 28.07.2006,Nr. 173, „Kinderarmut nimmt zu. 2,5 Millionen haben keine Bildungschancen."

Focus Nr. 33, 14.08.2006, S. 30, „Sozialstaat. Die Illusion frisst ihre Kinder"

Frankfurter Rundschau 19.01.2006: „Hohes Maß an verdeckter Armut"

Frankfurter Rundschau 10.03.2006, Nr. 59 „Gesetz könnte Arme obdachlos machen", S. 4

Frankfurter Rundschau 10.03.2006, Nr. 59, „Renten müssten steigen", S.25

Frankfurter Rundschau Nr. 89,15.04.2006, „Im „Independence" zählt die Motivation". S. 24

„Graue Literatur:"

Gildemeister, Regina, "Kunstlehren des Fallverstehens als Grundlage der Professionalisierung sozialer Arbeit?" Seminarunterlagen FH Ludwigshafen 12.05.03, Vorlesung: Theorien der Sozialen Arbeit

Götzelmann Arndt, Anthropologie zum biblischen Menschenbild, Mitschrift der Vorlesung in Ethik im 1. Semester 2002

Hassemer Raimund, Mitschrift der Vorlesungen im Fachbereich Recht/ sowie Studienschwerpunkte *Psychisch Kranke und Behinderte* sowie *Betreuung und soziales Training*

Hoffmann Cordula, „Medizinische Aspekte zur Betreuung", Script von Frau Cordula Hofmeister, Ärztin für öff. Gesundheitswesen der Kreisverwaltung Donnersbergkreis, Gesundheitsamt.

Looz von, Carola, „Haben wir Zeit für sowas? – Kommunikation zwischen Betreuern, Betreuungsbehörden und Gericht". Zusammenschrift zweier Vorträge, gehalten am 29.11.05 und am 01.12.05 auf den Fachtagungen der überörtlichen Betreuungsbehörde Rheinland-Pfalz, für Betreuungsvereine, Betreuerinnen und Betreuer, sowie Veröffentlichung 2005 in BtPrax

Mangold, Jürgen, 20.02.2005, Vorlesungsscript: „Fragmente zu einer Kritik der Sozialen Arbeit". Evangelische Fachhochschule Ludwigshafen.

May Michael, Mitschrift der „Ringvorlesung" des 8.Semesters Soziale Arbeit am 09.06.20066 in der Ev. Fachhochschule Ludwigshafen, Fachbereich Soziale Arbeit

Soltauer Impulse. Zu Sozialpolitik und Ethik am Beispiel psychiatrischer Arbeitsfelder. in: „Soziale Psychiatrie" 4/ 2004, Fachzeitschrift der Deutschen Gesellschaft für Soziale Psychiatrie e.V. (DGSP) Bundesgeschäftsstelle, Zeltinger Str.9, 50969 Köln

„Symposium für psychosoziale Versorgung in Rheinland-Pfalz"- Titel der Veranstaltung am 09.11.2005, Veranstalter und Tagungsort: MDK Rheinland-Pfalz, Albiger Straße 19d, 55232 Alzey. Eigene Mitschrift, verfasst im Rahmen des Verwaltungspraktikums im 7.Semester, für die Kreisverwaltung Donnersbergkreis

Tödt Hans Eduard, Checkliste zur ethischen Urteilsfindung, Vorlesungsscript 1.Semester Soziale Arbeit, Ev. Fachhochschule Ludwigshafen, Dozenten *Götzelmann* und *Vidal, Ethik.*

Zimmermann Dieter, Evangelische Fachhochschule für Sozialwesen, Darmstadt.
Mitschrift der Seminare im Studienschwerpunkt Schuldnerberatung im 5.Semester 2004,Evangelische Fachhochschule für Sozialwesen, Ludwigshafen

1097088

Printed in Germany by
Amazon Distribution
GmbH, Leipzig